中央高校基本科研业务费专项资金资助项目
Fundamental Research Funds for the Central Universities

情绪对情景记忆的影响

汪波 著

本书首先主要介绍情绪的维度理论以及有关情绪影响项目记忆和来源记忆的相关假说；其次提出相应的科学问题以及假设，并交代研究方案；再其次阐述编码阶段和巩固阶段诱发情绪对项目记忆和来源记忆的影响，以及情绪对项目记忆和来源记忆产生影响的时间进程；最后将各个研究的结果进行讨论，并对未来研究进行展望。

中国财经出版传媒集团
经济科学出版社
Economic Science Press

图书在版编目（CIP）数据

情绪对情景记忆的影响/汪波著．—北京：经济科学出版社，2021.1

ISBN 978-7-5218-2365-3

Ⅰ.①情… Ⅱ.①汪… Ⅲ.①情绪-研究 Ⅳ.①B842.6

中国版本图书馆 CIP 数据核字（2021）第 025831 号

责任编辑：于海汛 郭 威

责任校对：王肖楠

责任印制：范 艳

情绪对情景记忆的影响

汪 波 著

经济科学出版社出版、发行 新华书店经销

社址：北京市海淀区阜成路甲 28 号 邮编：100142

总编部电话：010-88191217 发行部电话：010-88191522

网址：www.esp.com.cn

电子邮箱：esp@esp.com.cn

天猫网店：经济科学出版社旗舰店

网址：http://jjkxcbs.tmall.com

北京季蜂印刷有限公司印装

710×1000 16 开 7.75 印张 150000 字

2021 年 6 月第 1 版 2021 年 6 月第 1 次印刷

ISBN 978-7-5218-2365-3 定价：35.00 元

（图书出现印装问题，本社负责调换。电话：010-88191510）

前　言

在现实生活中，情绪无处不在。面对不同的事件，我们或抑郁低沉，或喜笑颜开，或怒不可遏，或恐惧万分。传统观点认为，情绪与认知彼此独立。有的心理学家甚至将情绪排除在认知研究之外。然而，过去几十年的研究越来越清晰地表明，情绪对认知存在影响。探究情绪与认知的关系已成为认知心理学和社会认知神经科学的热点。

作为人类认知的重要方面，记忆反映的是脑对信息进行编码、存储以及提取的功能。对于语言习得、社会交往以及个体身份建构，良好的记忆不可或缺。毫不夸张地说，没有正常的记忆就不可能有正常的高级认知，也不可能有正常的人格。因此，探究影响记忆的因素具有重要而深远的现实意义。

越来越多的实验证据表明，情绪对记忆存在影响。然而，不同研究得出的结论存在分歧。例如，有的研究表明，对情绪刺激的记忆显著优于对中性刺激的记忆，而有的研究则表明，对上述两类刺激的记忆不存在显著差异。此外，记忆并非单一的构念，而是包含不同的成分。例如，情景记忆包含项目记忆和来源记忆两个成分。情绪对不同的记忆成分可能产生不同影响。

基于前人研究，本书旨在探讨不同阶段诱发的情绪对项目记忆和来源记忆的影响。本书包含五章。第 1 章是绪论，主要介绍情绪的维度理论以及有关情绪影响项目记忆和来源记忆的相关假说。第 2 章提出相应的科学问题以及假设，并交代研究方案。第 3 章阐述编码阶段和巩固阶段诱发情绪对项目记忆和来源记忆的影响。第 4 章阐述情绪对项目记忆和来源记忆产生影响的时间进程。第 5 章对各个研究的结果进行讨论，并对未来研究进行展望。

本书可供对情绪心理学和记忆心理学感兴趣的本科生、研究生以及研究人员阅读。由于作者水平限制，本书可能存在纰漏，欢迎广大读者提出宝贵批评意见与建议。

汪波

2020 年 12 月 23 日于沙河高教园

目 录

第 1 章

绪　论

自从托马斯·阿奎那（Thomas Aquinas，1225－1274）将行为研究分成认知与情绪两大类后，关于二者关系的主流观点始终认为，认知和情绪是分离的系统和加工过程，彼此之间很少有交互作用（Liu et al.，2009）。但是，越来越多的行为和神经科学证据表明，认知与情绪的加工过程存在交互作用，它们共同构成了行为活动的基础（Liu et al.，2009；Scheidegger et al.，2016）。

情绪对认知的影响是情绪与认知交互作用的一个重要方面。诸多研究表明，情绪对认知的不同方面均有着重要影响（e. g.，Bombail，2019；George and Dane，2016；Gupta，2019；Kiss et al.，2007；Langeslag et al.，2008；Levens and Phelps，2008；Mishra，Ray and Srinivasan，2017；Stefanucci and Proffitt，2009）。记忆是人类认知的一个非常重要的组成方面，早在一百多年前就有心理学家关注情绪对记忆的影响。詹姆斯（James，1890）在其《心理学原理》中写道："由情绪引发的印象是如此深刻，就像在大脑皮层上留下的一道疤痕。"强烈的负性情绪经历可能会因被抑制而无法进入意识，因而难以被提取出来（Freud，1915）。

尽管上述心理学家提出了情绪影响记忆的观点，但由于 20 世纪初极端行为主义学派的崛起，情绪在心理学研究中被边缘化，甚至一些研究者认为情绪是心理学中的一个多余的概念。有研究者曾说："既然针对我们需要描述的一切现象已经存在相应的科学术语，为什么要将诸如情绪这样的术语引入心理学呢？我预测：和'意志'这样的术语一样，'情绪'也必将从科学心理学中消失"（Lazarus，1991）。然而，随着认知主义学派的兴起，情绪不仅没有从心理学中消失，探讨情绪和记忆的交互作用特别是情绪对记忆的影响已成为认知心理学以及认知神经科学的热点。通过在 Web of Science 以"情绪记忆"（"emotional memory"）为标题词进行查询（时间范围：1900～2021 年），可搜索到 2015 篇文献（截至北京时间 2021 年 4 月 16 日 12：20）。最早的文献题目为《倒摄超常记忆及其他情绪记忆效应》（Retroactive hypermnesia and other emotional effects on memory），出现在1919年11月的《心理学评论》（*Psychological Review*）；最近的文献题目为《自传体记忆中的顺序效应：基于时间和情绪特征的组织》（Order effects in the recall of autobiographical memories：evidence for an organisation along temporal and emotional features），出现在2021年3月的《记忆》（*Memory*）。

长时记忆可分为陈述性记忆和程序性记忆两大类，而陈述性记忆又可分为情景记忆和语义记忆两类（Anderson，1976；Tulving，1983）。情景记忆是指对发生在特定时间和空间的事件或情景的记忆（Anderson，1976；Tulving，1983），它包含项目记忆（item memory）和来源记忆（source memory）两个成分（Slotnick et al.，2003）。项目记忆是指对信息本身的记忆，来源记忆是指对信息来源的记忆，此处的信息来源是指共同构成记忆获取情境的各种相关特征，如事件的时空情境和社会情境以及信息获取的媒介和感觉通道（Johnson et al.，1993；Slotnick et al.，2003）。

来源监控模型认为，来源记忆可依赖于三种监控（Johnson et al.，1993）：（1）现实监控（reality monitoring），即对个体内部生成的信息（internally generated information）和来自外部环境的信息（externally derived information）作出区分，例如对想象中发生的事件和实际发生的事件作出区分；（2）外源监控（external monitoring），即对不同来源的外部信息作出区分，例如区分某一言论来自小王还是小李；（3）内源监控（internal monitoring），即对不同的内部生成的信息作出区分，例如区分某一句话是自己想的还是自己说的。

在实验室研究中，可采用不同范式考察项目记忆和来源记忆。以采用词语作为刺激的研究为例，常用的实验范式如下：在学习阶段向被试呈现一些字体颜色为红色或蓝色的中文词语，要求被试记住词语及其字体的颜色。在测试阶段，将之前学过的词语（旧词）和一些没有学过的词语（新词）加以混合，然后以黑色字体随机呈现，要求被试对每一个词语作出三择一反应：红色旧词、蓝色旧词或新词。在该范式中，项目记忆的指标是对词语本身的再认记忆或自由回忆，而来源记忆的指标是对词语颜色的记忆。此外，在再认记忆测试中，如果被试将词语判断为旧词，还可进一步作出“知道”（know）或“记得”（remember）的判断。“记得”指的是能够有意识地回忆起和学习某个词语相关的情景或细节，“知道”则指的是只对某个词语感到熟悉，但不能有意识地回忆起和学习某个词语相关的情景或细节（Wixted，2007）。

接下来，我将首先介绍情绪的维度理论以及诱发情绪的方法，其次介绍目前有关情绪影响的项目记忆和来源记忆的假说，最后对前人在情绪对项目记忆和来源记忆影响方面的研究发现进行综述。

1.1 情绪的维度理论

情绪可以由效价（valence）和激活度（arousal）所构成的二维空间来描述，即效价和激活度可以被看成是情绪的两个独立的维度（Russell，1980）。效价用以描述愉悦的程度（从极不愉悦到极愉悦），激活度则用以描述唤醒或兴奋的程度（从极平静放松到极兴奋紧张）。例如，“死亡”这个词语引起的愉悦度最低，因此效价最低，“舒适”这个词语引起的愉悦度最高，因此效价最高。“屠杀”和“奇迹”这两个词语引起的激活度均高于“疲倦”和“轻松”这两个词语，但是“屠杀”和“疲倦”这两个词语的效价较低（负性效价），而“奇迹”和“轻松”这两个词语的效价较高（正性效价）。有研究支持效价和激活度是情绪的两个独立维度。例如，有研究采用功能性磁共振成像技术（fMRI）发现，杏仁核的激活与嗅觉刺激的激活度有关但与其效价无关，而眶额皮层的激活则与嗅觉刺激的效价有关但与激活度无关（Anderson et al.，2003）。

1.2 实验室中诱发情绪的方法

通常情况下，可以采用外部刺激（例如带有叙述的幻灯片、彩色图片或者言语及声音刺激）来诱发情绪。在某些情况下，也可以采用生成内部信息（internal generation of information）的方式来诱发情绪（例如，让被试回忆情绪性事件、想象情绪性场景或者执行能够诱发情绪的特定动作）（Kensinger，2009a）。

如果采用外部刺激诱发情绪，研究者有时将不同情绪特性的刺激混合起来逐一呈现给被试，使被试的情绪状态发生较迅速地转换（fluctuate relatively rapidly between emotional states）（Kensinger，2009a）。例如，看到一张小孩笑脸的图片时被试可能感到愉悦，但如果下一张呈现的是受伤小孩的图片，被试则可能从之前的愉悦状态转为不愉悦状态。

1.3 情绪影响项目记忆和来源记忆的假说

尽管在情绪是否影响项目记忆和来源记忆上还存在一些争议，有些研究者已提出了一些有关情绪影响项目记忆和来源记忆的假说。伊斯特布鲁克（Easter-

brook，1959）从注意的角度提出了一种注意资源衰减假说，认为强烈的情绪会缩小注意范围，使个体将注意力聚焦在中心信息上，从而增强对中心信息的记忆，同时降低对外围信息的记忆。根据该假说可预测，情绪在增强项目记忆的同时减弱来源记忆。洛夫图斯（Loftus，1979）基于目击者证词的研究支持伊斯特布鲁克（Easterbrook）假说。目击者往往对犯罪现场中嫌疑人使用的武器有着清楚而生动的记忆，但对犯罪现场其他信息的记忆则相当模糊，这种现象被称为“武器聚焦效应”。

其他研究者提出的假说也认为情绪唤醒状态会影响个体的注意，但与伊斯特布鲁克提出的假说不同，他们认为，在情绪唤醒的状态下个体会更加注意到事件或情形的各个细节方面，对中心信息和外围信息均进行更快速有效的编码，从而对整个事件具有更为清楚而生动的记忆（Revelle and Loftus，1992）。根据此假说可知，情绪对项目记忆和来源记忆均有增强作用。

优先捆绑假说则认为，情绪唤醒有助于增强情绪刺激和与该刺激直接相关的背景信息的联系，即相较于中性刺激，个体更容易将情绪刺激以及与情绪刺激直接相关的背景进行捆绑（MacKay et al.，2004）。根据此假说可以预期情绪将增强来源记忆。此外，优先捆绑假说还认为，只有在情绪刺激呈现前后的特定时间窗口内呈现中性刺激，情绪刺激与其背景信息之间的联系才会强于中性刺激与其背景信息之间的联系。

1.4 编码阶段诱发情绪对项目记忆的影响

到目前为止，多数研究发现，情绪会增强项目记忆，但是，也有少数研究发现情绪并不影响项目记忆，甚至会减弱项目记忆。

1.4.1 情绪增强项目记忆

在一项研究里，被试对每张正性、中性和负性图片的愉悦度、激活度和视觉复杂度进行评价（Ochsner，2000）。在学习阶段没有告知被试将进行记忆测试，再认测验在学习结束两周后进行。在再认测验中为了区分情绪对再认记忆不同成分的影响，在被试作出见过某张图片的判断后，还要求被试报告自己是“记得”还是“知道”某张图片。研究者计算了基于“记得”和“知道”判断时被试的记忆成绩，结果发现，当被试的判断基于“记得”时，被试对负性图片的再认成绩显著高于对正性和中性图片的再认成绩，但是其对正性图片和中性图片的再认

成绩差异不显著。此外，对高激活度图片和中激活度图片的再认成绩差异不显著，但是二者都显著高于对低激活度图片的再认成绩。然而，当被试的判断基于“知道”时，愉悦度和激活度均未影响被试的再认成绩。由于“知道”代表的是无意识的记忆结果，而“记得”代表的是有意识的记忆结果，因此，上述结果说明，情绪可能主要影响有意识的记忆成绩而不会影响无意识的记忆成绩。

另一项研究考察了年轻被试和老年被试对图片的再认记忆。结果发现，对于愉悦度不同的图片，两组被试对负性图片的再认成绩均显著高于对正性和中性图片的再认成绩，但对正性图片和中性图片的再认成绩差异不显著；对于不同激活度的图片，两组被试对高激活度图片的再认成绩均显著高于对中等和低激活度图片的再认成绩，但对中等激活度和低激活度图片的再认成绩差异不显著（Comblain et al.，2004）。这说明，愉悦度和激活度的增加均能促进再认记忆。

上述研究发现还得到了一些其他相关研究的支持。有研究者采用不同的图片作为实验材料，测验在学习阶段结束一年后进行。结果发现，无论是正性图片还是负性图片，对高激活度图片的再认成绩显著高于对低激活度图片的再认成绩（Bradley et al.，1992）。其他研究者采用类似的实验任务，考察了阿尔茨海默病患者和健康被试对愉悦度不同的图片的再认成绩记忆。在学习阶段成绩，要求被试对每张图片的激活度进行评价，但并未告知被试将进行记忆测验。学习结束两周后的测试表明，健康被试对负性图片的再认成绩显著高于对中性图片的再认成绩，但对正性图片和中性图片的再认成绩之间无显著差异，但阿尔茨海默病患者未表现出负性情绪的增强效应（Hamann et al.，2000）。这一结果也得到了其他研究的支持（Mather and Sutherland，2009）。

上述研究均是采用图片作为材料的，其他研究者则采用词语进行了研究。在一项研究中，研究者利用词语考察了愉悦度和激活度的不同影响（Kensinger and Corkin，2003）。他们没有采用正性刺激，但更进一步地考察了再认记忆中的“记得感”（recollection）和“熟悉感”（familiarity）。在实验中，向被试呈现三类词语：中性词语、负性词语（愉悦度很低，但激活度和中性词语相当）、禁忌词语（激活度较高，但愉悦度和中性词语相当）。在学习阶段要求被试对每个词语作出“抽象”或“具体”的判断。再认测试采用“知道/记得”范式（remember/know paradigm）。结果发现，在总体再认成绩方面，对禁忌词语的再认成绩最好，对负性词语的再认成绩次之，而对中性词语的再认成绩最差。在“记得”反应的正确率上，禁忌词语显著高于负性词语，负性词语和中性词语只有边缘显著差异（负性词语大于中性词语）。在“知道”反应的正确率上，三类词语无显著差异。然而，在根据“知道”反应计算的“熟悉感”方面，禁忌词语和负性词语有边缘显著差异（禁忌词语大于负性词语），禁忌词语显著大于中性词语，负性词语和中性词语间无显著差异。综合上述结果可以看出，相对愉悦度而言，激活度对再认记忆的增强效应更为明显，这与布拉德雷（Bradley et al.，1992）的研究结论相吻合。

在一项研究里，以快感缺乏者为被试，也发现情绪能增强再认记忆。在研究中将被试分为社会快感缺乏者（social anhedonia）和生理快感缺乏者（physical anhedonia）。按照快感缺乏程度，又分为重度缺乏者和轻度缺乏者。向被试呈现五类词语：中性词语、高激活度的正性词语、低激活度的正性词语、高激活度的负性词语、低激活度的负性词语。事先未告知被试将进行记忆测试。结果表明，重度和轻度社会快感缺乏者对高激活度词语的再认成绩均显著高于对低激活度词语的再认成绩。轻度生理快感缺乏者对高激活度负性词语的再认成绩显著高于对低激活度负性词语的再认成绩，但重度生理快感缺乏者对这两类词语的再认成绩无显著差异。轻度生理快感缺乏者对高激活度正性词语和低激活度正性词语的再认成绩无显著差异，而重度生理快感缺乏者对高激活度正性词语的再认成绩显著低于对低激活度正性词语的再认成绩（Mathews and Barch，2006）。

其他研究者也发现，情绪能增强词语的再认记忆（Grider and Malmberg，2008）。在实验1中，被试学习一些正性、中性和负性词语，研究者对这三类词语的激活度和语义相关性进行了匹配。在测试阶段，将曾学过的词语和一些新词语混合后加以呈现，要求被试在四点量表上对每个词语进行评价（1为非常确信学过，2为不太确信学过，3为不太确信没有学过，4为确信没有学过）。结果表明，对负性词语和正性词语的再认成绩均显著高于对中性词语的再认成绩。在实验2中，被试学习高激活度和低激活度词语，对这两类词语的愉悦度进行了匹配。学习和测试流程与实验1一致。结果发现，对高激活度词语的再认成绩显著高于对低激活度词语的再认成绩。实验3在实验1的基础上进行了一些调整，采用了迫选再认测试，结果仍然表明，对高激活度词语的再认成绩显著高于对低激活度词语的再认成绩。实验4在实验2的基础上进行了调整，采用了迫选再认测试，得出的结论与实验2一致。因此，情绪的两个维度（愉悦度和激活度）均对再认记忆存在影响。

项目记忆可通过再认记忆任务和自由回忆任务来考察，但上述研究均采用再认记忆任务来考察情绪对再认记忆的影响。有研究发现，情绪也能增强自由回忆。将被试分为抑郁组和非抑郁组。学习阶段向被试呈现一些名词短语，这些短语由中性名词和不同情绪性质的修饰词构成（如“船”这个中性名词可以被不同情绪性质的词语修饰：旅游船、货物船、正在下沉的船），要求被试在看到每个短语时想象一幅自己置身其中的场景。学习阶段未告知被试随后将进行记忆测试。结果发现，两组被试对来自情绪性短语的中性名词的自由回忆成绩显著高于

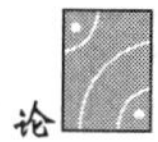

对来自中性短语的中性名词的自由回忆成绩（Hertel and Parks，2002）。上述研究的发现得到了达尼翁（Danion et al.，1995）的验证。

在大多数研究中，情绪刺激和中性刺激均是混合随机呈现的，这种设计可能存在弊端，例如被试对中性刺激的记忆可能受到情绪刺激的抑制。另一项研究将情绪作为组间因素，考察情绪激活度对图片自由回忆的影响。在学习阶段向一部分被试呈现高激活度的情绪图片，向另外一部分被试呈现低激活度的中性图片，要求被试评价图片的愉悦度和激活度。在记忆测试阶段，要求被试对学过的图片进行自由回忆，并用适当的短语描述所回忆的每张图片。结果发现，对高激活度情绪图片的自由回忆成绩显著高于对低激活度中性图片的自由回忆成绩（Blake et al.，2001）。

综合上述研究不难发现，情绪能够增强自由回忆。那么，这种增强效应是否是由学习结束后的复述所致？有研究者采用电影短片诱发情绪，考察了复述的调节作用。在实验中，被试观看两种类型的电影短片（情绪性短片和中性短片），观看这两种短片的时间间隔约为一周，即先观看情绪性短片（或中性短片），约一周后再观看中性短片（或情绪性短片）。观看完这两种短片后，将被试按如下方式分成三组：第一组被试不与任何人讨论看过的电影短片；第二组被试至少与三个人讨论看过的电影短片；第三组被试与任何人（除了第一组被试）都可以讨论看过的电影短片。自由回忆测试在观看短片结束一周后进行。结果表明，三组被试对情绪性短片的回忆成绩均显著高于对中性短片的回忆成绩，但在三组被试之间，对情绪性短片的自由回忆成绩不存在显著差异（Guya and Cahill，1999）。这表明，情绪能够增强自由回忆，但学习之后的复述不足以解释这种增强效应。

上述研究均表明，情绪能够增强自由回忆，但这些研究大都采用年轻被试。情绪对自由回忆的增强效应是否受到年龄以及健康因素的调节？为了回答这个问题，有研究者采用了以下三组被试：健康年轻被试、健康老年被试以及阿尔茨海默病患者。在图片学习阶段，向被试呈现一些正性、中性和负性图片。自由回忆阶段要求被试根据回忆用简短的语句描述曾经见过的图片。在词语学习阶段，向被试呈现一些正性、中性和负性词语。在随后的自由回忆阶段，要求被试根据回忆写出曾经学过的词语。结果表明，健康年轻被试和健康老年被试对正性和负性刺激（包括图片和词语）的回忆成绩高于对中性刺激的回忆成绩，但阿尔茨海默病患者对三类刺激的回忆成绩无显著差异（Kensinger et al.，2002）。上述研究还考察了情绪性背景对自由回忆的影响。在实验中，向被试呈现一些中性词语，要求被试根据这些词语构造三种不同情绪性质（正性、中性和负性）的句子。自由回忆测验发现，健康年轻被试对嵌入情绪性质句子的中性词语的回忆成绩显著高于对嵌入中性句子的中性词语的回忆成绩，但健康老年被试和阿尔茨海默病患者没有表现出这种情绪增强记忆的现象。上述结果表明，情绪对自由回忆的影响受到年龄和健康状况的调节。

1.4.2 情绪减弱项目记忆

尽管许多研究表明，负性情绪刺激能增强再认记忆，但也有少数研究表明负性情绪刺激会减弱再认记忆。在一项研究里，向被试呈现一些负性和中性词语，要求被试评价每个词语的愉悦度。再认记忆测试发现，对负性词语的再认成绩显著低于对中性词语的再认成绩（Maratos et al.，2000）。上述研究结论也得到了另一项研究的验证：向抑郁症被试和健康对照被试呈现正性、负性和中性词语，也发现两组被试对负性词语的再认记忆成绩均小于对中性词语的再认记忆成绩（Danion et al.，1995）。

此外，有研究者发现，情绪会减弱自由回忆。将被试随机分配到五个组：(1) 控制组；(2) 正性情绪高激活组；(3) 正性情绪低激活组；(4) 负性情绪高激活组；(5) 负性情绪低激活组。然后，向被试呈现几列词语，这些词语都是被试在自由联想任务中受诱导词语影响而最容易生成的词语。在自由回忆任务中，要求被试尽可能多地回忆曾经学习过的词语。结果表明，高激活度下的错误记忆均显著大于低激活度下的错误记忆（Corson and Verrier，2007）。

1.4.3 情绪不影响项目记忆

尽管诸多研究表明情绪会影响再认记忆，但有研究表明，情绪对再认记忆没有影响。在学习阶段，向年轻和老年被试呈现一些正性、中性和负性词语。学习结束后采用“知道/记得”范式立即进行再认测试。结果发现，无论是年轻被试还是老年被试，对上述三类词语的再认记忆无显著差异（Kapucu et al.，2008）。上述发现也得到了另一项研究的重复。该研究包含两个实验，实验1中负性词语和正性词语的语义相关性（semantic relatedness）高于中性词语，而实验2则匹配了语义相关性。再认记忆测试表明，实验1中对负性词语和正性词语的再认记忆成绩显著低于对中性词语颜色的再认记忆成绩，而在实验2中，对三类词语的再认成绩无显著差异（Dougal and Rotello，2007）。这表明，在控制了词语的语义相关性后，情绪对再认记忆成绩不存在影响。

其他研究者也发现，情绪对词语的再认记忆没有影响。向被试呈现字体颜色为蓝色或黄色的正性词语、负性词语和中性词语，要求被试记住每个词语的字体

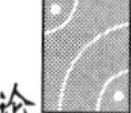

颜色。在再认记忆测试阶段，将被试曾经学过的词语和同等数量的新词语加以混合，然后呈现给被试（此时所有词语的字体颜色均为黑色），要求被试判断是否在学习阶段见过。如果被试认为在学习阶段见过某词语，则判断它的字体颜色。结果表明，尽管对情绪词语颜色的自由回忆成绩显著高于对中性词语颜色的自由回忆成绩，但情绪词语和中性词语的再认记忆成绩无显著差异（Doerkson and Shimanura，2001）。上述结果得到了另一项研究的重复。向被试呈现负性词语和中性词语，要求被试尽力记住每个词语，并告知被试随后将进行再认记忆测试。再认记忆测试结果表明，对负性词语更容易作出学过的判断，但对负性和中性词语的再认记忆无显著差异（Windmann and Kutas，2001）。

另外，有研究者以图片为学习材料，也发现情绪不会增强再认记忆（Sharot et al.，2004）。在学习阶段，向被试呈现负性图片和中性图片。学习阶段未告知被试将进行记忆测试，结果表明，在总体再认成绩方面负性图片和中性图片无显著差异。不过，在“记得”反应的正确率上，负性图片显著高于中性图片，而在“知道”反应的正确率上，二者不存在显著差异。有研究者（Johansson et al.，2004）采用面孔图片也得到了类似发现：对负性面孔的“记得”判断的正确率显著高于对正性和中性面孔的“记得”判断的正确率，然而，面孔的情绪特征对总体的再认成绩没有影响。

1.5 编码阶段诱发情绪对来源记忆的影响

1.5.1 情绪增强来源记忆

很多研究发现，负性情绪能够增强来源记忆。例如，在一项研究里，被试学习一系列负性词语和中性词语，一半词语的字体颜色为红色，一半词语的字体颜色为蓝色，要求被试判断词语是抽象的还是具体的，事先告知被试学习结束后将进行记忆测试。结果发现，对负性词语的来源记忆显著高于对中性词语的来源记忆（Kensinger and Corkin，2003）。上述研究结果得到了另一项研究的重复。在该研究里，向被试呈现字体颜色为蓝色或黄色的情绪词语和中性词语，或者在每个词语周围添加一个红色或蓝色的矩形框，要求被试默读屏幕上呈现的词语，并且记住词语的字体颜色或者记住外围矩形框的颜色。在测试阶段，将被试曾学过的词语和同等数量的新词语加以混合，然后呈现给被试（此时所有词语的字体颜色均为黑色）。如果被试认为某词语在学习阶段曾经呈现过，则判断它当时的字体颜色或外围矩形框的颜色。结果表明，对情绪词语的来源记忆成绩显著高于对中性词语的来源记忆成绩（Doerksen and Shimamura，2001）。

根据情绪的二维理论，不同的情绪分布在由愉悦度（从不愉悦到高兴）和激活度（从平静到激动）两个正交维度构成的平面中（Russell，1980）。上述两项研究均未考虑激活度的影响。有研究者在屏幕的不同位置随机呈现一系列高激活度图片和低激活度图片，未告诉被试随后将进行记忆测验。结果表明，对高激活度图片的空间来源记忆成绩显著高于对低激活度图片的空间来源记忆成绩（Mather and Nesmith，2008）。然而，刺激既包含空间特性，也包含时间特性。上述研究只是考察了情绪对空间来源记忆的影响。另一项研究则考察了情绪对时间来源记忆的影响。向被试连续依次呈现三组图片，每组图片包含数量均等的正性、负性和中性图片，要求被试仔细观察每张图片，但未告知随后将进行记忆测试。在来源记忆测试中，要求被试判断图片所在的组别。结果表明，负性图片的时间来源记忆成绩显著高于正性和中性图片的时间来源记忆成绩，但正性图片的时间来源记忆与中性图片的时间来源记忆之间无显著差异（D'Argembeau and Van der Linden，2006）。

上述几项研究表明，情绪会增强来源记忆。然而，在上述研究中，学习材料和诱发情绪的材料是一致的，这样就很难对不同情绪条件下的学习材料进行匹配。为了解决这个问题，有研究者采用不同刺激来诱发不同情绪，要求被试在不同情绪状态下学习同一种材料。被试依次观看四种类型的无声电影短片（中性短片、正性短片、负性短片以及高激活度短片），在观看的同时聆听一些词语。在记忆测试中，向被试呈现之前曾听过的词语，要求其回忆每个词语所对应的短片类型。结果表明，对放映高激活度短片时所呈现的词语的来源记忆成绩要显著高于对放映其他三种短片时所呈现的词语的来源记忆成绩。

根据来源监控模型，上述研究考察的均只是基于外源监控的来源记忆。但情绪是否能增强基于其他监控的来源记忆？有研究者通过两个实验考察了情绪对基于现实监控的来源记忆的影响，发现负性情绪可增强来源记忆（Kensinger and Schacter，2006）。在实验 1 中，被试聆听负性词语和中性词语。在聆听某些词语的同时在屏幕上呈现相应的词语，而在聆听另一些词语的同时则在屏幕上呈现一条横线，要求被试想象词语的视觉形象，并判断词语的第一个字母的高度是否高于最后一个字母的高度。学习条件被分为有意学习（即告知被试随后将进行测试）和无意学习（即不告知被试随后将进行测试）。在记忆测试阶段，向被试呈现曾学过的词语以及一些新词语，要求被试判断哪些词语在学习阶段以视觉方式呈现过。结果表明，在两种学习条件下，负性词语的来源记忆成绩均显著高于中性词语的来源记忆成绩。在实验 2 中，向被试视觉呈现负性词语和中性词

语。在有的试次里，词语呈现之后屏幕上呈现正方形，而在有的试次里，词语呈现之后屏幕上呈现与该词语对应的图片。在所有试次里均要求被试根据呈现的词语想象相应的实物形象。为了确保被试对词语对应的实物形象进行了想象，要求被试判断所想象的实物在现实中能否被一个装鞋的盒子所容纳。在记忆测试阶段向被试以听觉的方式呈现曾经学习过的词语以及一些新词语，要求被试判断哪些词语对应的图片在学习阶段呈现过。结果仍然表明，负性词语的来源记忆成绩显著高于中性词语的来源记忆成绩。因此，情绪不仅能增强基于外源监控的来源记忆，也能增强基于现实监控的来源记忆，这些研究结果支持优先捆绑假说。

1.5.2 情绪减弱来源记忆

尽管诸多研究表明情绪增强来源记忆，也有一些研究得出了不同结论。在一项研究里，被试学习正性、负性和中性词语，但未告知随后将进行记忆测试。一半词语以听觉方式呈现，另一半词语以视觉方式呈现。在记忆测试中，要求被试对信息获取的感觉通道作出判断。结果表明，负性词语的来源记忆成绩显著小于中性词语的来源记忆成绩，但正性词语和中性词语的来源记忆成绩之间无显著差异（Cook et al.，2007）。由于有证据表明，当中性词语和情绪词语混合呈现时，情绪词语会分散被试对中性词语的注意，从而减弱中性词语的记忆（Dewhurst and Parry，2000），因此，他们进一步考察了混合条件和单一条件下的情况。在混合条件下，被试学习由负性和中性词语组成的词表；在单一条件下，一部分被试只学习负性或正性词语，另一部分被试则只学习中性词语。结果仍然表明，两种实验条件下负性和正性词语的来源记忆成绩均显著低于中性词语的来源记忆成绩，这种结果与诸多类似研究得出的结果相冲突。

其他研究者则发现，情绪减弱空间来源记忆和时间来源记忆（Maddock and Frein，2008）。被试根据提示将一些正性、负性和中性词语键入三种网格中，这三种网格分别与正性、负性和中性词语对应。学习阶段未告知被试随后将进行记忆测试。在空间来源记忆测试阶段，要求被试将之前学习阶段的词语根据回忆重新键入相应的网格中。结果表明，负性词语的空间来源记忆成绩显著低于正性和中性词语的空间来源记忆成绩，但正性和中性词语的空间来源记忆成绩之间无显著差异。上述研究者还考察了情绪刺激对时间来源记忆的影响。学习阶段的流程与考察空间来源记忆的流程一致。在测试阶段，将学习阶段的每种类别（即正性、负性和中性）的词语成对地呈现给被试（每对中的两个词语均来自同一类别），要求被试判断每对词语中的哪一个在学习阶段出现得较早。结果表明，对负性词语的时间来源记忆成绩显著低于正性和中性词语的时间来源记忆成绩，但对正性词语和中性词语的时间来源记忆成绩之间无显著差异。上述研究考察了情绪对基于外源监控的来源记忆的影响，均表明情绪会减弱来源记忆，其结果支持注意资源缩减理论（Easterbrook，1959）。

1.5.3 情绪不影响来源记忆

尽管诸多研究表明，情绪对来源记忆存在影响，但也有少数研究发现情绪不影响来源记忆。例如，在一项研究里，将负性图片和中性图片分成四组呈现给被试，要求被试对图片的视觉复杂度进行评价。实验中设置了两种任务：颜色任务（在对其中两组图片的视觉复杂度进行评价时，要求被试注意图片的颜色）以及细节任务（在对剩下的两组图片的视觉复杂度进行评价时，要求被试注意图片的细节）。24 小时后被试学习另外一些图片，流程与第一次学习相同。结果发现，无论是对第一天学过的图片还是对当天学过的图片，负性图片并未增强来源记忆（Sharot and Yonelinas，2008）。上述研究者认为，情绪对来源记忆的影响取决于与情绪刺激相关的背景信息对个体是否具有适应性意义，或对预测将来的事件是否具有价值，如果该背景信息不具备这种意义或价值，那么情绪就不会增强来源记忆。

1.6 巩固阶段诱发情绪对项目记忆的影响

有研究者考察了巩固阶段诱发情绪对自由回忆的影响。被试学习 30 个中性词语，然后进行即时自由回忆测验。接下来，向实验组被试给予内部奖励（intrinsic reward，例如对被试进行口头赞扬）或外部奖励（extrinsic reward，例如给予被试 1 美元），对控制组被试则不给予任何奖励。一周之后的自由回忆测试表明，接受外部奖励的被试的自由回忆成绩显著高于控制组被试，但接受内部奖励的被试的自由回忆成绩与控制组被试无显著差异（Nielson and Bryant，2005）。上述研究考察的是巩固阶段诱发正性情绪对项目记忆的影响，另一项研究表明，负性情绪也可以增强项目记忆（Nielson et al.，2005）。实验组被试学习中性词语后进行自由回忆测试，然后观看 3 分钟的诱发负性情绪的短片，而控制组被试则观看 3 分钟的诱发中性情绪短片。结果表明，两组被试在观看短片前的自由记忆成绩上无显著差异，然而在 30 分钟和 24 小时后的测试中实验组的自由回忆成绩显著高于控制组，在 24 小时的测试中实验组的再认成绩

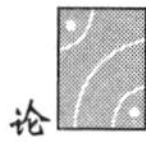

也显著高于控制组。重要的是，有研究者发现，无论被试描述或表达情绪的能力是高还是低，观看负性短片的被试的记忆成绩显著高于控制组（Nielson and Meltzer，2009）。

有研究者认为，情绪性事件能够使大脑将之前发生的所有事件“印刻”(print）下来（an arousing event leads the brain to ‘prints’ remembrance of all events immediately preceding）（Livingston，1967）。依照他的观点，可以作出如下假设：学习后诱发的情绪将增强对任何情绪性质的材料的记忆。上述观点得到了一项研究的支持。被试学习四类词语：高愉悦度和高激活度的词语、高愉悦度和低激活度的词语、低愉悦度和高激活度的词语，以及低愉悦度和低激活度的词语。学习结束后，实验组被试观看3分钟的正性短片，控制组被试则观看3分钟的中性短片。一周之后的再认记忆测试表明，在上述四类词语的记忆上，实验组被试的成绩均显著高于控制组（Nielson and Lorber，2009）。然而，另一项研究却得到了不同的结果。被试先观看一系列情绪性图片和中性图片，然后实验组被试接受CPS（cold pressor stress），即将手放入冰块中，控制组被试则将手放入温水中。一周之后的自由回忆测试表明，在对情绪性图片的记忆上，实验组的成绩显著高于控制组，然而在对中性图片的记忆上，两组被试的成绩无显著差异（Cahill et al.，2003）。

在上述研究中，情绪均是在学习结束后立即诱发的，巩固阶段诱发情绪对记忆的影响是否存在时间窗口或具有时间依存性（time-dependency）呢？在一项研究里，被试首先学习一些中性词语。接下来，实验组被试观看3分钟的负性短片或正性短片，控制组被试则不观看任何短片。对于实验组被试，研究者操纵了学习结束和观看短片之间的时间间隔：一部分被试在学习结束后立即观看短片，其他被试则分别在学习结束10分钟、30分钟和45分钟后观看短片。一周以后的再认记忆测试表明，学习结束后立即观看或延迟10分钟或30分钟观看正性或负性短片的被试的记忆成绩均显著高于控制组被试，然而，学习结束45分钟后观看正性或负性短片的被试的记忆成绩与控制组则无显著差异（Nielson and Powless，2007）。另一项研究则考察了在较短时间范围内情绪对图片记忆的影响的时间依存性。被试在每一个试次中首先观看一张中性图片，然后在不同的时间间隔（4秒或9秒）下观看一张情绪性图片或中性图片。一周之后的记忆测试表明，仅仅在4秒的时间间隔下，观看情绪性图片显著增强了再认记忆。此外，观看情绪性图片显著增强了基于“记得感”（recollection）而不是“熟悉感”（familiarity）的记忆（Anderson et al.，2006）。

然而，有研究者采用音乐诱发情绪，发现在编码结束后立即诱发情绪或延迟45分钟后诱发情绪均不影响记忆巩固，但是在编码结束20分钟后诱发情绪则促进了记忆巩固（Judde and Rickard，2010）。这表明，中等长度的诱发延迟时间有利于记忆巩固，而更短或更长的延迟时间则对记忆巩固没有影响。与上述研究结果类似，另一项研究也发现中等长度的诱发延迟时间有利于记忆巩固（Wang and Sun，2015）。被试学习一系列中性词语，然后进行即时自由回忆测试。接下来，被试在不同的延迟条件下观看中性、正性或负性短片。记忆测试表明，学习后立即或45分钟（或50分钟）后诱发正性或负性情绪唤醒对记忆巩固均无影响，而学习结束30分钟（或35分钟）后诱发负性情绪唤醒则促进了记忆巩固。因此，中等程度的时间延迟更有利于记忆巩固。

1.7 巩固阶段诱发情绪对来源记忆的影响

目前很少有研究考察巩固阶段诱发情绪对来源记忆的影响。有研究者考察了巩固阶段诱发情绪对来源记忆的影响。被试先学习一系列中文词语，词语的字体颜色为蓝色或红色，要求被试记住每个词语及其相应的字体颜色。学习结束后随机分配被试分别观看3分钟的中性、正性或负性视频。延迟记忆测试表明，虽然情绪增强了对词语本身的项目记忆巩固，但是对来源记忆巩固不存在影响（Wang and Fu，2010）。另一项研究则通过两个实验发现，无论在哪种延迟时间下，诱发情绪均对来源记忆巩固不存在影响（Wang and Sun，2015）。在实验1中，被试聆听一系列词语，一半词语由男性朗读，另一半词语由女性朗读。学习结束后，被试根据随机分配在5分钟、35分钟或50分钟后观看中性、正性或负性视频。记忆测试在学习结束24小时后进行。实验2与实验1流程类似，区别在于：（1）采用了现实监控来源记忆任务。在学习阶段，被试学习一系列词语，对于一半词语，要求被试聆听其读音，对于另一半词语，则要求被试想象其读音。（2）被试被随机分配在5分钟、30分钟或45分钟后观看中性、正性或负性视频。（3）记忆测试在学习结束60分钟后进行。两个实验均表明，无论在哪种延迟时间下，诱发情绪均对来源记忆巩固不存在影响。上述研究表明，巩固阶段诱发情绪对基于现实监控的来源记忆巩固不存在影响，但是上述研究均采用的是中性学习材料。那么，这种结果是否可以推广到其他类型的材料？在一项研究中，被试学习一系列中性、正性和负性名词，对于一半的名词，要求被试观看与名词对应的物体图片；而对于另一半名词，则要求被试想象与名词对应的物体图片。结果发现，无论对哪种类型的名词，巩固阶段诱发情绪对其来源记忆巩固不存在影响（Wang and Sun，2017）。

1.8 情绪对项目记忆和来源记忆影响的时间进程

1.8.1 编码阶段诱发情绪对项目记忆和来源记忆影响的时间进程

迄今为止，很少有研究者考察情绪对项目记忆和来源记忆影响的时间进程，有研究者考察了编码阶段诱发情绪对再认记忆和来源记忆的影响的时间进程。将负性图片和中性图片分成四组呈现给被试，要求被试对图片的视觉复杂度进行评价。实验中设置了两种任务：在对其中两组图片的视觉复杂度进行评价时，要求被试注意图片的颜色（颜色任务）；在对剩下的两组图片的视觉复杂度进行评价时，要求被试注意图片的细节（细节任务）。24 小时后被试进行第二次学习，流程与第一次学习相同（但采用了不同的图片）。结果发现，在即时测试中，负性图片和中性图片的再认记忆成绩无显著差异，但在 24 小时延迟测试中，负性图片的再认记忆成绩显著高于中性图片。无论在即时测试还是在 24 小时延迟测试中，负性图片和中性图片的来源记忆成绩均无显著差异（Sharot and Yonelinas, 2008）。上述结果表明，情绪对再认记忆的影响具有一定的时间依存性，随着时间进程的延长，情绪对再认记忆的增强效应才得以显现。但是，至少在 24 小时的时间范围内，情绪对来源记忆不存在增强效应。

1.8.2 巩固阶段诱发情绪对项目记忆和来源记忆影响的时间进程

迄今为止，很少有研究者考察巩固阶段诱发情绪对项目记忆产生影响的时间进程，尚无研究者考察巩固阶段诱发情绪对来源记忆产生影响的时间进程。在一项研究里，被试先学习一些词语，然后进行即时自由回忆，接下来实验组被试观看情绪短片，控制组被试则观看中性短片。30 分钟和 24 小时后被试进行第二次自由回忆和第三次自由回忆。结果发现，在上述两次延迟测试中，实验组的自由回忆成绩均显著高于控制组（Nielson et al. , 2005）。该研究表明，巩固阶段诱发情绪对自由回忆的增强效应至少可以维持 24 个小时，但要全面了解情绪对自由回忆影响的时间进程，需要更多的学习—测试时间间隔条件。

第 2 章

问题提出及研究方案

尽管一些研究考察了在编码或巩固阶段诱发情绪对项目记忆和来源记忆的影响，得出了一些有意义的结论，然而不同的研究结论尚存在分歧，一些问题尚待解决。本书研究将分别考察编码和巩固阶段诱发情绪对项目记忆和来源记忆的影响。通过在记忆编码阶段采用词语诱发情绪，在记忆巩固阶段采用短片诱发情绪，本研究将考察如下几个问题：（1）编码阶段诱发情绪如何影响项目记忆及来源记忆？（2）巩固阶段诱发情绪如何影响项目记忆及来源记忆？（3）编码阶段诱发情绪对项目记忆及来源记忆的影响的时间进程是怎样的？（4）巩固阶段诱发情绪对项目记忆和来源记忆的影响的时间进程是怎样的？

2.1 科学问题及研究假设

2.1.1 编码阶段诱发情绪如何影响项目记忆及来源记忆

考察项目记忆可采用自由回忆或再认记忆任务。目前，大多数在编码阶段诱发情绪的研究均表明，情绪能增强自由回忆，但是在情绪是否增强再认记忆这一问题上尚存在分歧。同样，在情绪是否影响来源记忆这个问题上也存在诸多分歧。导致上述分歧的原因可能是多方面的，但比较重要的一个原因可能是不同的研究在材料的选择和匹配上存在差异。例如，在以词语为刺激的研究中，有的研究匹配了情绪刺激和中性刺激的抽象程度，而有的研究则没有考虑这一点。此外，在不同研究里，记忆测试和学习之间的间隔也不一样，这也可能是导致分歧的一个原因。本研究将严格选择刺激材料，以排除其他无关因素对记忆的影响。

基于前人的研究结果（e. g. , Davidson et al. , 2006；Doerkson and Shimamu-

ra，2001），本书研究假设编码阶段诱发情绪将增强自由回忆。由于目前针对情绪对项目记忆和来源记忆的影响的研究结论尚存在诸多分歧，本书作出如下假设：如果编码阶段诱发情绪能增强再认记忆和来源记忆，那么对正性或负性词语的再认记忆和来源记忆成绩将显著高于对中性词语的再认记忆和来源记忆成绩；反之，对正性或负性词语的再认记忆和来源记忆成绩将显著低于对中性词语的再认记忆和来源记忆成绩，或者与中性词语的项目记忆和来源记忆无显著差异。

2.1.2　巩固阶段诱发情绪如何影响项目记忆及来源记忆

迄今为止，考察巩固阶段诱发情绪对项目记忆的研究很少，且不同研究得出的结论存在分歧。例如，在同样的测试间隔下，有的研究发现，巩固阶段诱发情绪能增强再认记忆（Nielson and Lorber，2009；Nielson and Powless，2007），而有的研究则发现，巩固阶段诱发情绪仅仅能增强自由回忆（Liu et al.，2008），但是对再认记忆没有影响。结论的分歧可能是由刺激材料的差异造成的。有的研究者采用的是情绪词语（Nielson and Lorber，2009；Nielson and Powless，2007），而有的研究者采用的是情绪图片（Liu et al.，2008）。由于杏仁核的激活程度能调节情绪记忆（McGaugh，2002），情绪图片比情绪词语具有更高的激活度，情绪图片会导致杏仁核更大程度的激活（Lewis et al.，2007），因此采用情绪图片的研究得出的结论可能不同于采用情绪词语的研究。另外，虽然一些研究考察了巩固阶段诱发情绪对项目记忆的影响，但迄今为止尚无研究考察巩固阶段诱发情绪对来源记忆的影响。本研究将采用中文词语和情绪短片作为刺激材料，考察记忆巩固阶段（学习结束后）诱发情绪对项目记忆和来源记忆的影响。

研究假设：如果巩固阶段诱发情绪能增强项目记忆和来源记忆，那么观看正性或负性短片的被试的再认记忆和来源记忆成绩将显著高于控制组被试的再认记忆和来源记忆成绩；反之，观看正性或负性短片的被试的再认记忆和来源记忆成绩将显著低于控制组被试的再认记忆和来源记忆成绩，或者与控制组被试的项目记忆和来源记忆无差异。

2.1.3　编码阶段诱发情绪对项目记忆及来源记忆的影响存在怎样的时间进程

尽管一些研究考察了编码阶段诱发情绪对项目记忆和来源记忆的影响，但在绝大多数研究里仅有一次记忆测试，而且记忆测试和学习之间的间隔较短（在

30分钟以内）（e.g.，Anderson and Shimamura，2005；Kensinger and Schacter，2006；May et al.，2005）。迄今为止，仅有少数研究考察了编码阶段诱发情绪对项目记忆和来源记忆影响的时间进程。有研究者发现在即时测试条件下情绪对再认记忆没有影响，但在24小时延迟测试条件下情绪增强了再认记忆（Sharot and Yonelinas，2008）。此外，在两种测试条件下情绪对来源记忆均无影响。然而，该研究中仅仅设置了两种时间条件：即时测试和24小时延迟测试，因此难以全面考察情绪对项目记忆和来源记忆影响的时间进程。一个尚待回答的问题是：情绪对项目记忆的增强效应能够持续多久？此外，按照来源监控的理论框架（Johnson et al.，1993），上述研究（Sharot and Yonelinas，2008）考察的是基于内源监控的来源记忆，那么情绪对基于外源监控的来源记忆是否会产生影响？如果答案是肯定的，那么，这种影响的时间进程是怎样的？本研究将探讨上述问题。

研究假设：在一定时间范围内，随着学习—测试时间间隔的延长，编码阶段诱发情绪对项目记忆和来源记忆的增强效应将变大。

2.1.4 巩固阶段诱发情绪对项目记忆和来源记忆的影响存在怎样的时间进程

从目前的文献可以看出，在大多数研究里，记忆测试均是在学习结束后的某个特定时间点进行的，仅有少数研究考察了两种学习—测试间隔条件下的情况（Nielson et al.，2005；Nielson and Bryant，2005）。此外，尽管有的研究采用了两个学习—测试时间间隔，但所采用的仅仅是项目记忆任务，目前尚无研究考察巩固阶段诱发情绪对来源记忆影响的时间进程。本研究将采用三个学习—测试时间间隔（25分钟、1天和1周），从而更为全面地探究巩固阶段诱发情绪对项目记忆和来源记忆影响的时间进程。

研究假设：在一定时间范围内，随着学习—测试时间间隔的延长，巩固阶段诱发情绪对项目记忆和来源记忆的增强效应将变大。

2.2 研究方案

为了探讨上述科学问题，本书进行了两项研究。研究1探讨情绪对项目记忆和来源记忆的影响，研究2探讨情绪对项目记忆和来源记忆的影响的时间进程。研究1包含六个行为实验，研究2包含两个行为实验（见表2-1）。

表 2-1 研究方案介绍

研究	实验	目的	记忆测试	大致流程
研究 1 情绪对项目记忆及来源记忆的影响	实验 1	考察编码阶段诱发情绪对中文词语及其两种字体颜色的记忆	自由回忆、再认记忆和来源记忆	被试学习 60 个字体颜色为红色或蓝色的中文词语（中性、正性和负性词语各 20 个），任务是记住每个词语及其相应的字体颜色。学习之后立即进行自由回忆以及再认记忆和来源记忆测试
	实验 2	考察在取消自由回忆条件下编码阶段诱发情绪对中文词语及其两种字体颜色的记忆	再认记忆和来源记忆	被试学习 60 个字体颜色为红色或蓝色的中文词语（中性、正性和负性词语各 20 个），任务是记住每个词语及其相应的字体颜色。学习之后不进行自由回忆而立即进行再认记忆和来源记忆测试
	实验 3	考察在 5 分钟延迟条件下编码阶段诱发情绪对中文词语及其两种字体颜色的记忆	自由回忆、再认记忆和来源记忆	被试学习 60 个字体颜色为黄色或蓝色的中文词语（中性、正性和负性词语各 20 个），任务是记住每个词语及其相应的字体颜色。学习之后执行 5 分钟的数学任务，然后进行自由回忆以及再认记忆和来源记忆测试
	实验 4	考察在 5 分钟延迟条件下编码阶段诱发情绪对中文词语及其四种字体颜色的记忆	自由回忆、再认记忆和来源记忆	被试学习 60 个字体颜色为蓝色、黄色、绿色或紫色的中文词语（中性、正性和负性词语各 20 个），任务是记住每个词语及其相应的字体颜色。学习之后执行 5 分钟的数学任务，然后进行自由回忆以及再认记忆和来源记忆测试
	实验 5	考察在 5 分钟延迟条件下编码阶段诱发情绪对中文词语及其空间信息的记忆	自由回忆、再认记忆和来源记忆	被试学习 60 个中文词语（中性、正性和负性词语各 20 个），词语在屏幕左边或右边随机呈现。任务是记住每个词语及其所在的屏幕位置。学习之后执行 5 分钟的数学任务，然后进行自由回忆以及再认记忆和来源记忆测试
	实验 6	考察巩固阶段诱发情绪对中文词语及其两种字体颜色的记忆	再认记忆和来源记忆	被试学习 44 个字体颜色为红色或蓝色的中文中性词语，任务是记住每个词语及其相应的字体颜色。学习结束后先进行即时再认记忆和来源记忆测试，然后观看短片或休息 3 分钟。学习结束 25 分钟后进行第二次再认记忆和来源记忆测试

续表

研究	实验	目的	记忆测试	大致流程
研究2 情绪对项目记忆及来源记忆的影响的时间进程	实验7	考察编码阶段诱发情绪对中文词语及其两种字体颜色的记忆的影响的时间进程	自由回忆、再认记忆和来源记忆	被试学习60个字体颜色为红色或蓝色的中文词语（中性、正性和负性词语各20个），任务是记住每个词语及其相应的字体颜色。学习结束后被试根据其所在的组别进行某种延迟条件下的记忆测试（包括即时测试、19分钟延迟测试、63分钟延迟测试、4.9个小时延迟测试、8.75个小时延迟测试、24个小时延迟测试、2天延迟测试、6天延迟测试及2周延迟测试）
	实验8	考察巩固阶段诱发情绪对中文词语及其两种字体颜色的记忆的影响的时间进程	再认记忆和来源记忆	被试学习44个字体颜色为红色或蓝色的中文中性词语，任务是记住每个词语及其相应的字体颜色。学习结束后先进行即时再认记忆和来源记忆测试，然后观看中性、正性或负性短片。学习结束后被试根据其所在的组别进行某种延迟条件下的记忆测试（包括25分钟延迟测试、24个小时延迟测试以及1周延迟测试）

2.3 研究意义

本书研究的结果将有助于加深情绪对情景记忆影响的认识，具有重要的理论意义。首先，经典的记忆理论（包括艾宾浩斯遗忘曲线）忽略了情绪这个重要因素，而诸多研究则已表明情绪对记忆存在重要影响。进一步深入探讨情绪对记忆的影响有助于改进经典的记忆理论。其次，在认知科学领域，计算模型常常不能很好地把握各种认知现象。人类认知常常受到动机和情绪因素的复合影响，而且许多这样的因素可能会同时发生作用（Eysenck and Keane，2000）。然而，认知科学领域的研究者却很少考虑这些因素的影响。深入探讨情绪对包括记忆在内的人类认知的影响，可以为认知科学的模型建构提供一定启发。最后，以往的许多研究均集中在探讨情绪对项目记忆的影响上，很少有研究系统考察情绪对情景记忆的不同成分的影响，而且不同研究者得出的结论尚存在分歧。同时考察情绪对项目记忆和来源记忆的影响对构建更为完善的情绪与记忆的交互理论具有重要意义。如果发现情绪对项目记忆和来源记忆具有不同的影响，那么在建构理论时就不能笼统地考虑情绪对情景记忆的影响。

本书研究还具有重要的现实意义。首先，对于商家而言，让消费者记住产品名称以及和产品相关的信息是很重要的。考察情绪对项目记忆和来源记忆的影响，可以为商品的广告策划提供启发。其次，目击者在事发现场往往处于情绪激活状态，这种状态将如何影响目击者当时对犯罪嫌疑人特征及犯罪现场的不同类型的信息的记忆？揭示情绪对项目记忆和来源记忆的影响规律有助于对目击者证词进行客观评价，且有助于设计出更为合理的问题，使目击者在回答时处于适当的情绪状态，从而对犯罪嫌疑人和犯罪现场尽可能作出正确的回忆。最后，在教育实践中，激发什么样情绪最有利于教学效果？是否应该针对不同的教学内容激发不同的情绪？探讨情绪对项目记忆和来源记忆的影响规律，对教学实践也有一定的启发意义。

第 3 章

研究 1：情绪对项目记忆及来源记忆的影响

研究 1 的目的是探讨情绪对中文词语的项目记忆和来源记忆的影响，一共包含 6 个实验。实验 1 至实验 5 探讨编码阶段诱发情绪对中文词语的项目记忆和来源记忆的影响，实验 6 探讨巩固阶段（学习结束后）诱发情绪对中文词语的项目记忆和来源记忆的影响。上述 6 个实验所使用的被试各不相同。

3.1 实验 1：即时测试条件下编码阶段诱发情绪对中文词语及其两种字体颜色的记忆的影响

实验 1 的目的是初步考察情绪对中文词语的项目记忆（自由回忆和再认记忆）以及来源记忆（对词语字体颜色的记忆）的影响。被试学习 60 个字体颜色为红色或蓝色的中文词语（中性、正性和负性词语各 20 个），任务是记住每个词语及其相应的字体颜色。学习之后立即进行自由回忆以及再认记忆和来源记忆测试。

3.1.1 被试

52 名来自北京几所高校（包括中国农业大学、中国矿业大学、北京林业大学以及北京科技大学）的大学生和研究生（24 名男性和 28 名女性，平均年龄为 22.27 岁）参加了本实验。所有被试均获得一定的报酬。

3.1.2 刺激材料

从《现代汉语频率词典》中选取 333 个中文词语，将其分成 A、B、C、D 四组。28名被试（16名男性和12名女性）评价A组词语，23名被试（11名男性和12名女性）评价B组词语，28名被试（13名男性和15名女性）评价C组词语，24名被试（12名男性和12名女性）评价D组词语。为了让被试清楚了解“愉悦度”“激活度”以及“抽象度”的含义，先向被试呈现评价指导语，这些指导语是基于布拉德利和朗（Bradley and Lang，1999）的实验指导语编译的，见附录2。

在每一个试次中，屏幕中央呈现一个中文词语，在屏幕的下方依次出现“愉悦度?”“激活度?”和“抽象度?”这样的提示，要求被试逐一评价该词语的愉悦度、激活度和抽象度。此外，为了便于被试进行评价，在出现愉悦度和激活度评价提示的同时，屏幕下方依次出现图3－1和图3－2所表示的评价图。

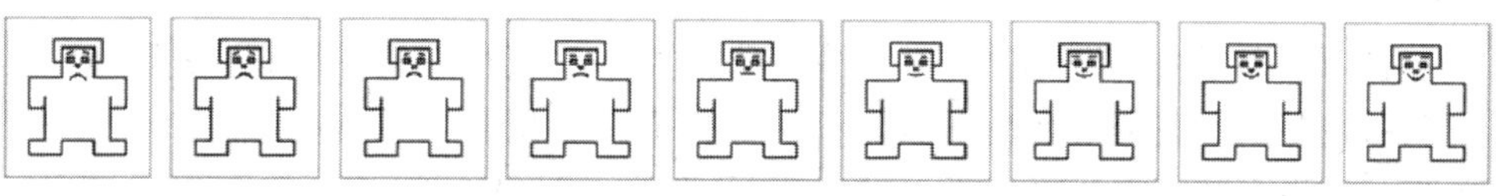

图3－1　愉悦度评价（基于Bradley & Lang，1999）

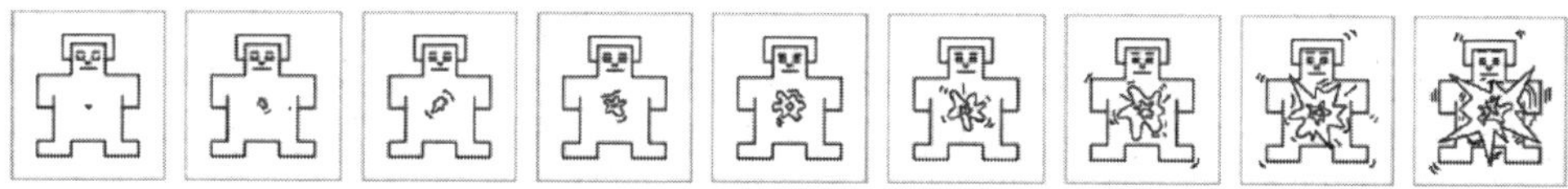

图3－2　激活度评价（基于Bradley & Lang，1999）

从之前评价过的333个词语中选出120个词语（40个中性词语、40个正性词语以及40个负性词语）。将上述120个词语分成两组，分别用作学习阶段的刺激以及测试阶段的新刺激，具体参数见表3－1，每组包含20个中性词语、20个正性词语以及20个负性词语，见附表1。这两组词语在愉悦度、激活度、抽象度以及词频上均无显著差异（$ps > 0.05$）。在每一组词语里，正性词语的愉悦度显著高于负性词语以及中性词语（$ps < 0.05$），正性词语和负性词语的激活度均大于中性词语（$ps < 0.05$），正性词语和负性词语的激活度没有显著差异（$p > 0.05$）。此外，在每组词语里，中性词语、正性词语以及负性词语的抽象度和词频均无显著差异（$ps > 0.05$）。

表 3－1　　用作学习刺激和测试新刺激的两组词语的参数

分组	中性词语				正性词语				负性词语			
	愉悦度	激活度	抽象度	词频	愉悦度	激活度	抽象度	词频	愉悦度	激活度	抽象度	词频
第一组	5.059 (0.050)	4.947 (0.045)	4.854 (0.149)	0.0091 (0.0038)	6.307 (0.068)	6.016 (0.083)	4.781 (0.244)	0.0263 (0.0139)	2.440 (0.090)	5.771 (0.164)	4.495 (0.182)	0.0070 (0.0020)
第二组	5.052 (0.058)	4.947 (0.051)	4.884 (0.177)	0.0087 (0.0045)	6.418 (0.066)	6.010 (0.105)	4.691 (0.197)	0.0075 (0.0019)	2.417 (0.071)	5.786 (0.133)	4.691 (0.197)	0.0024 (0.0004)

注：括号内的值为标准差。每组词语包含中性词语、正性词语和负性词语，这两组词语在愉悦度、激活度、抽象度以及词频上均无显著差异。

3.1.3　实验设计及流程

采用单因素组内设计。自变量是情绪（中性、正性和负性），因变量是项目记忆和来源记忆成绩。在学习阶段，被试坐在电脑屏幕前约 50 厘米处，正对屏幕。在每一个试次中，屏幕中央首先呈现“ + ”，持续 1000 毫秒，然后屏幕中央呈现字体颜色为红色或蓝色的中文词语（字体为 Courier New，字号为 40 磅），持续 2000 毫秒。在每一类词语（中性、正性和负性词语）里，一半词语的字体为红色，另一半为蓝色，这两种颜色是随机分配的。词语呈现期间屏幕背景为白色。为了消除近因效应和首因效应，词列的首端和末端分别设置了两个词语。要求被试尽可能记住每一个词语及其相应的字体颜色。

学习之后立即进行自由回忆测试，时间持续约 5 分钟。自由回忆结束后进行再认记忆和来源记忆测试。将学习过的 60 个词语和 60 个新词语加以混合，然后在屏幕中央随机呈现（字体为 Courier New，颜色为黑色，字号为 40 磅），屏幕的背景颜色为白色。对每一个词语，要求被试通过点击相应的按钮作出如下三种判断中的一种：(1)“记得”（能够清楚地有意识地回忆起与学习该词语相关的情景或细节）；(2)“知道”（只是对该词语感到熟悉，但无法清楚地有意识地回忆起与学习该词语相关的情景或细节）；(3)“没有见过”（在学习阶段没有见过该词语）。如果被试作出了“记得”或“知道”的判断，则进一步单击相应的按钮判断在学习阶段该词语的字体颜色。被试做判断时无时间限制。

3.1.4　结果

采用 SPSS 13.0 软件分析数据，显著性水平设为 0.05。自由回忆成绩为正确回忆的词语的百分比，再认记忆为词语的击中率减去虚报率所得的差值

（Snodgrass and Corwin，1988）。“记得”反应和“知道”反应的成绩分别为“记得”判断和“知道”判断的击中率减去它们的虚报率。来源记忆成绩为击中的词语总数除去击中且颜色判断正确的词语总数所得的值。

3.1.4.1　情绪对自由回忆的影响

由于 E－prime 程序问题，有一名男性被试的数据未采集到。三类词语的自由回忆成绩的描述性统计数据见表 3－2 第 2 行。重复测量分析表明，情绪的主效应显著［$F(2, 100) = 10.665$，$p < 0.001$，partial $\eta^2 = 0.176$］。事前比较分析表明，正性和负性词语的自由回忆成绩均显著高于中性词语的自由回忆成绩（$p = 0.003$，以及 $p < 0.001$）。正性词语和负性词语的自由回忆成绩无显著差异（$p = 0.208$）。

表 3－2　实验 1 中中性、正性以及负性词语的项目记忆和来源记忆成绩（平均值 ± 标准误）

因变量	中性词语	正性词语	负性词语
自由回忆成绩	0.09 ±0.01	0.12 ±0.01	0.14 ±0.01
再认成绩	0.38 ±0.03	0.41 ±0.03	0.38 ±0.03
“记得”反应成绩	0.28 ±0.03	0.31 ±0.03	0.28 ±0.03
“知道”反应成绩	0.11 ±0.02	0.01 ±0.02	0.09 ±0.03
来源记忆成绩	0.61 ±0.02	0.64 ±0.02	0.57 ±0.02

3.1.4.2　情绪对再认记忆的影响

三类词语的再认记忆成绩的描述性统计数据见表 3－2 第 3 行，“记得”反应成绩和“知道”反应成绩分别见表 3－2 第 4 行和第 5 行。重复测量分析表明，三类词语的再认记忆无显著差异［$F(2, 102) = 1.059$，$p = 0.351$，partial $\eta^2 = 0.020$］。在“记得”反应成绩上，三类词语无显著差异［$F(2, 102) = 1.770$，$p = 0.175$，partial $\eta^2 = 0.034$］。在“知道”反应成绩上，三类词语也无显著差异［$F(2, 102) = 0.28$，$p = 0.756$，partial $\eta^2 = 0.005$］。

3.1.4.3　情绪对来源记忆的影响

三类词语的来源记忆成绩见表 3－2 第 6 行。重复测量分析表明，情绪的主效应显著［$F(2, 102) = 4.182$，$p = 0.018$，partial $\eta^2 = 0.076$］。事前比较分析表明，正性词语和中性词语无显著差异（$p=0.124$）；负性词语和中性词语无显著差异（$p=0.199$）；正性词语显著高于负性词语（$p=0.004$）。

3.1.5 讨论

实验1表明：（1）情绪能增强自由回忆；（2）情绪对再认记忆没有影响；（3）（相对于中性情绪）正性和负性情绪均不能增强来源记忆，但正性词语的来源记忆显著高于负性词语的来源记忆。

上述第一项和第二项结果支持我们的假设，但第三项结果与假设不吻合，也与其他学者（Doerkson and Shimamura，2001）的实验结果不一致，其原因可能是自由回忆任务对随后的再认记忆和来源记忆任务造成了干扰，因此，在实验2中，我们将取消自由回忆任务，学习结束后立即实施再认记忆和来源记忆测试。

3.2 实验2：取消自由回忆任务后编码阶段诱发情绪对中文词语及其两种字体颜色的记忆的影响

实验2的目的是考察取消自由回忆任务后情绪对中文词语及其两种字体颜色的记忆的影响。被试学习60个字体颜色为红色或蓝色的中文词语（中性、正性和负性词语各20个），任务是记住每个词语及其相应的字体颜色。学习结束之后立即进行再认记忆和来源记忆测试。

3.2.1 被试

30名来自北京几所高校（包括中国农业大学、中国矿业大学、北京林业大学以及北京科技大学）的大学生和研究生（22名女性和8名男性，平均年龄为22.51岁，有一位女性被试的年龄未被收集到）参加了本实验。所有被试均获得一定的报酬。

3.2.2 刺激材料

与实验1一致。

3.2.3　实验设计及流程

与实验 1 大体一致，区别在于：被试在学习结束后立即进行再认记忆和来源记忆测试。

3.2.4　结果

3.2.4.1　情绪对再认记忆的影响

三类词语的再认记忆成绩见表 3－3 第 2 行，"记得"和"知道"反应成绩分别见表 3－3 第 3 行和第 4 行。重复测量分析表明，三类词语的再认记忆成绩无显著差异［$F(2, 58)=0.719$，$p=0.492$，partial $\eta^2=0.024$］。三类词语的"记得"反应成绩无显著差异［$F(2, 58)=0.165$，$p=0.848$，partial $\eta^2=0.006$］，"知道"反应成绩也无显著差异［$F(2, 58)=0.676$，$p=0.513$，partial $\eta^2=0.023$］。

表 3－3　实验 2 里中性、正性以及负性词语的项目记忆和来源记忆成绩（平均值±标准误）

因变量	中性词语	正性词语	负性词语
再认成绩	0.50±0.04	0.50±0.04	0.47±0.03
"记得"反应成绩	0.32±0.05	0.34±0.04	0.32±0.04
"知道"反应成绩	0.19±0.03	0.15±0.03	0.15±0.03
来源记忆成绩	0.69±0.04	0.72±0.03	0.73±0.02

3.2.4.2　情绪对来源记忆的影响

三类词语的来源记忆成绩见表 3－3 第 5 行。重复测量分析表明，三类词语的来源记忆无显著差异［$F(2, 58)=0.672$，$p=0.514$，partial $\eta^2=0.023$］。

3.2.5　讨论

在实验 2 中，我们取消了学习结束后的自由回忆任务，以期消除其对随后的再认记忆和来源记忆任务的干扰。然而，与实验 1 一致，在实验 2 中情绪对再认记忆和来源记忆仍然没有影响，这与多尔克森和岛村（Doerkson and Shimamura，2001）的实验结果不一致，其原因可能包括：（1）在他们的研究中，在记忆测试前被试执行了5分钟的数学任务，而在实验1和实验2中，记忆测试是在学习后立即进行的；（2）在他们的研究中，词语的字体颜色为黄色和蓝色，而在本实验中，词语的字体颜色为红色和蓝色；（3）在他们的研究中，记忆测试是出乎被试的意料的，而在本实验中，被试被告知学习结束后会进行记忆测试。尽管上述因素可能并不一定均会对记忆成绩产生影响，但为了更好地与多尔克森和岛村（2001）的结果进行比较，在接下来的实验3中，我们将尽可能使实验设置与他们的实验设置保持一致。

3.3 实验3：延迟5分钟测试条件下编码阶段诱发情绪对中文词语及其两种字体颜色的记忆的影响

实验3的目的是探讨在延迟5分钟测试条件下情绪对中文词语及其两种字体颜色的记忆的影响。被试学习60个字体颜色为黄色或蓝色的中文词语（中性、正性和负性词语各20个），任务是记住每个词语及其相应的字体颜色。学习之后执行5分钟的数学任务，然后进行自由回忆以及再认记忆和来源记忆测试。

3.3.1 被试

56名来自北京几所高校（包括中国农业大学、中国矿业大学、北京林业大学以及北京科技大学）的大学生和研究生（12名男性和44名女性，平均年龄为21.95岁）参加了本实验。所有被试均获得一定的报酬。

3.3.2 刺激材料

与实验1所使用的刺激材料一致。

3.3.3 实验设计及流程

采用单因素组内设计。自变量是情绪（中性、正性和负性），因变量是项目记忆和来源记忆成绩。实验3与实验2的区别在于：（1）被试学习字体颜色为黄色和蓝色的中文词语（词语呈现的时间以及其他相关设置与实验1完全一致）；

（2）学习阶段结束后，被试先执行 5 分钟的数学任务（从 2000 连续减 3），然后进行自由回忆测验以及再认记忆和来源记忆测验；（3）在学习前未告知被试随后将进行记忆测试。

3.3.4　结果

3.3.4.1　情绪对自由回忆的影响

三类词语的自由回忆成绩的描述性统计数据见表 3－4 第 2 行。重复测量分析表明，情绪的主效应显著 [$F(2, 110) = 7.952$, $p = 0.001$, partial $\eta^2 = 0.126$]。事前比较分析表明，正性词语的自由回忆成绩显著高于中性词语的自由回忆成绩（$p = 0.002$），负性词语的自由回忆成绩也显著高于中性词语的自由回忆成绩（$p < 0.001$），正性词语和负性词语的自由回忆成绩之间无显著差异（$p = 0.642$）。

表 3－4　中性、正性以及负性词语的项目记忆和来源记忆成绩（平均值 ± 标准误）

因变量	中性词语	正性词语	负性词语
自由回忆成绩	0.05 ±0.01	0.09 ±0.01	0.09 ±0.01
再认成绩	0.25 ±0.03	0.31 ±0.03	0.30 ±0.02
“记得”反应成绩	0.15 ±0.02	0.21 ±0.03	0.19 ±0.02
“知道”反应成绩	0.10 ±0.02	0.10 ±0.03	0.12 ±0.02
来源记忆成绩	0.57 ±03	0.62 ±0.02	0.58 ±0.02

3.3.4.2　情绪对再认记忆的影响

三类词语的再认记忆成绩的描述性统计数据见表 3－4 第 3 行。重复测量分析表明，情绪的主效应边缘显著 [$F(2, 110) = 2.813$, $p = 0.064$, partial $\eta^2 = 0.049$]。进一步分析表明，正性词语的再认记忆成绩显著高于中性词语的再认记忆成绩（$p = 0.035$），负性词语和中性词语成绩之间无显著差异（$p = 0.081$），正性词语和负性词语成绩之间无显著差异（$p = 0.742$）。

三类词语的“记得”和“知道”反应成绩的描述性统计数据见表 3－4 第 4 行和第 5 行。重复测量分析表明，在“记得”反应成绩上，情绪的主效应显著 [$F(2, 110) = 5.562$, $p = 0.005$, partial $\eta^2 = 0.092$]。进一步分析表明，正性词语的“记得”反应成绩显著高于中性词语（$p=0.002$），负性词语的“记得”反应成绩显著高于中性词语（$p=0.026$），正性词语的“记得”反应成绩和负性词语的“记得”反应成绩之间无显著差异（$p=0.242$）。在“知道”反应成绩上，情绪的主效应不显著［$F(2, 110)=0.245$，$p=0.783$，partial $\eta^2=0.004$］。

3.3.4.3 情绪对来源记忆的影响

三类词语的来源记忆的描述性统计数据见表3－4第6行。重复测量分析表明，情绪的主效应不显著［$F(2, 110)=1.717$，$p=0.184$，partial $\eta^2=0.030$］。

3.3.5 讨论

与实验1和实验2相一致，实验3也表明，正性词语和负性词语的自由回忆成绩均显著高于中性词语的自由回忆成绩，这与之前的一些研究者的发现一致（e.g.，Davidson et al.，2006；Doerkon and Shimamura，2001）。因此，情绪对自由回忆的增强效应是很稳定的。

实验3表明，正性词语的再认记忆和“记得”反应成绩显著高于中性词语的再认记忆和“记得”反应成绩，负性词语的再认记忆成绩和中性词语的再认记忆成绩之间无显著差异，这表明，情绪对再认记忆的影响与效价有关。此外，正性词语和负性词语的“记得”反应成绩均显著高于中性词语，但正性词语和负性词语的“知道”反应成绩却与中性词语无显著差异，这种结果表明，“知道”感和“记得”感是再认记忆的两个可以分离的成分。

在来源记忆上，正性词语与负性词语与中性词语之间均无显著差异，这与实验2的结果一致。不过，实验1表明正性词语的来源记忆成绩显著高于负性词语的来源记忆成绩，因此，情绪对来源记忆不存在稳定的影响，这与戴维森（Davidson et al.，2006）的发现一致。

3.4 实验4：延迟5分钟测试条件下编码阶段诱发情绪对中文词语及其四种字体颜色的记忆的影响

实验3没有发现情绪对来源记忆的增强效应。一个可能的原因是实验3的来源记忆任务不够敏感，因此在实验4中，将使用四种字体颜色（蓝色、黄色、绿色以及紫色），以降低反应的随机水平（从实验3的0.5降至0.25），从而增强记忆任务的敏感性（D'Argembeau and Van der Linden，2004）。被试学习60个字

体颜色为蓝色、黄色、绿色或紫色的中文词语（中性、正性和负性词语各20个），任务是记住每个词语及其相应的字体颜色。学习之后执行5分钟的数学任务，然后进行自由回忆以及再认记忆和来源记忆测试。

3.4.1　被试

49名来自北京几所高校（包括中国农业大学、中国矿业大学、北京林业大学以及北京科技大学）的大学生和研究生（14名男性和35名女性，平均年龄为21.39岁）参加了本实验。所有被试均获得一定的报酬。

3.4.2　刺激材料

与实验3所使用的刺激材料一致。

3.4.3　实验设计及流程

采用单因素组内设计。自变量是情绪（中性、正性和负性），因变量是项目记忆和来源记忆成绩。实验设置与实验3的主要区别在于：（1）被试学习20个中性词语、20个正性词语以及20个负性词语，在每一类词语中，每1/4的词语分别为蓝色、黄色、绿色以及紫色，这四种颜色是随机分配的；（2）在记忆测试阶段，如果被试对某个词语作出了“记得”或“知道”的判断，则进一步判断该词语是上述四种颜色的哪一种。

3.4.4　结果

3.4.4.1　情绪对自由回忆的影响

三类词语的自由回忆成绩的描述性统计数据见表3－5第2行。重复测量分析表明，情绪的主效应显著［$F(1.821, 87.408) = 5.146$，$p = 0.010$，partial $\eta^2 = 0.097$］（Huynh－Feldt 校正结果）。事前比较分析表明，正性词语的自由回忆成绩显著高于中性词语（$p = 0.006$），负性词语的自由回忆成绩也显著高于中性词语（$p = 0.050$，单尾 t 检验），正性词语和负性词语的自由回忆成绩之间无显著差异（$p = 0.084$）。

表 3－5　中性、正性以及负性词语的项目记忆和来源记忆成绩（平均值 ± 标准误）

因变量	中性词语	正性词语	负性词语
自由回忆成绩	0.07 ±0.01	0.11 ±0.01	0.09 ±0.01
再认成绩	0.32 ±0.03	0.34 ±0.03	0.30 ±0.02
“记得”反应成绩	0.19 ±0.02	0.21 ±0.03	0.20 ±0.03
“知道”反应成绩	0.13 ±0.02	0.13 ±0.02	0.10 ±0.03
来源记忆成绩	0.35 ±0.03	0.43 ±0.03	0.32 ±0.02

3.4.4.2　情绪对再认记忆的影响

三类词语的再认记忆成绩的描述性统计数据见表 3－5 第 3 行。重复测量分析表明，情绪的主效应不显著［$F(2, 94) = 0.932$，$p = 0.397$，partial $\eta^2 = 0.019$］。三类词语的“记得”和“知道”反应成绩的描述性统计数据见表 3－5 第 4 行和第 5 行。重复测量分析表明，在“记得”反应成绩上，情绪的主效应不显著［$F(2, 94) = 0.609$，$p = 0.546$，partial $\eta^2 = 0.013$］。在“知道”反应成绩上，情绪的主效应也不显著［$F(2, 94) = 0.568$，$p = 0.569$，partial $\eta^2 = 0.012$］。

3.4.4.3　情绪对来源记忆的影响

三类词语的来源记忆的描述性统计数据见表 3－5 第 6 行。重复测量分析表明，情绪的主效应显著［$F(1.805, 84.856) = 5.252$，$p = 0.009$，partial $\eta^2 = 0.101$］（Huynh－Feldt 校正结果）。采用 Bonferroni 校正进行分析表明，正性词语的来源记忆成绩与中性词语的来源记忆成绩无显著差异（$p = 0.106$），负性词语的来源记忆成绩和中性词语的来源记忆成绩无显著差异（$p > 0.990$），正性词语的来源记忆成绩显著高于负性词语的来源记忆成绩（$p = 0.001$）。

3.4.5　讨论

与实验 1 和实验 3 的结果一致，实验 4 也表明，情绪能够增强自由回忆。综合目前几个实验的结果以及前人的研究结果（e.g.，Davidson et al.，2006；Doerkon and Shimamura，2001）可以确切地得出结论：情绪能够增强中文词语的自由回忆。

与实验 1 和实验 2 相一致，实验 4 表明，情绪不能增强再认记忆。此外，情绪对“记得”反应和“知道”反应的正确率也无影响。上述 3 个实验的结果与

某些研究结果一致（e. g. ，Doerkon and Shimamura，2001），但与其他研究的结果存在冲突（e. g. ，Kensinger and Corkin，2003）。

实验1、实验3和实验4均表明，正性词语的来源记忆成绩显著高于负性词语的来源记忆成绩。这表明，情绪对来源记忆的影响与效价存在一定的关系，但以往的大多数研究只注重激活度而忽视了效价这个因素。

3.5　实验5：延迟5分钟测试条件下编码阶段诱发情绪对中文词语及其空间信息的记忆的影响

在上述4个实验中，刺激的来源信息是中文词语的字体颜色。由于颜色本身可能蕴含一定的情绪意义（例如，红色象征吉祥喜庆），因此，在学习阶段被试可能在字体颜色所蕴含的情绪意义和词语本身所含的情绪意义之间构建联系，从而影响词语的来源记忆。为了避免字体颜色所蕴含的情绪意义的影响，在实验5中，将以中文词语在屏幕上的位置作为来源信息。被试学习60个中文词语（中性、正性和负性词语各20个），词语在屏幕左边或右边随机呈现。任务是记住每个词语及其所在的屏幕位置。学习之后执行5分钟的数学任务，然后进行自由回忆以及再认记忆和来源记忆测试。

3.5.1　被试

39名来自北京几所高校（包括中国农业大学、中国矿业大学、北京林业大学以及北京科技大学）的大学生和研究生（31名女性和8名男性，平均年龄为20.38岁，有两位女性被试的年龄未收集到）参加了本实验。所有被试均获得一定的报酬。

3.5.2　刺激材料

与实验4一致。

3.5.3　实验设计及流程

采用单因素组内设计。自变量是情绪（中性、正性和负性），因变量是项目记忆和来源记忆成绩。在学习阶段，被试坐在电脑屏幕前约50厘米处，正对屏幕。在每一个试次中，屏幕中央首先呈现“+”，持续1000毫秒，然后屏幕的左边或右边随机呈现一个中文词语（字体为Courier New，字号为40磅，字体颜色为黑色），持续3000毫秒。在每一类词语（中性、正性和负性词语）里，一半词语出现在屏幕左边，另一半词语出现在屏幕右边。词语呈现期间屏幕背景为白色。为了消除近因效应和首因效应，词列的首端和末端分别设置了两个词语。要求被试尽可能记住每一个词语及其所在的屏幕位置。

学习之后立即进行自由回忆测试，时间持续约5分钟。自由回忆结束后进行再认记忆和来源记忆测试。将学习过的60个词语和60个新词语加以混合，然后在屏幕中央随机呈现（字体为Courier New，颜色为黑色，字号为40磅），屏幕的背景颜色为白色。对于每一个词语，要求被试通过点击相应的按钮作出如下三种判断中的一种：(1)“记得”；(2)“知道”；(3)“没有见过”。如果被试作出了“记得”或“知道”的判断，则进一步点击相应的按钮判断在学习阶段该词语所在的屏幕位置。

3.5.4 结果

3.5.4.1 情绪对自由回忆的影响

有一名被试的数据未能采集到。三类词语的自由回忆成绩的描述性统计数据见表3-6第2行。重复测量分析表明，情绪的主效应显著［$F(2, 74)=6.403$，$p=0.003$，partial $\eta^2=0.148$］。事前分析表明，正性词语的自由回忆成绩显著高于中性词语的自由回忆成绩（$p=0.004$），负性词语的自由回忆成绩也显著高于中性词语的自由回忆成绩（$p=0.002$），正性词语和负性词语的自由回忆成绩之间无显著差异（$p=0.779$）。

表3-6　中性、正性以及负性词语的项目记忆和来源记忆成绩（平均值±标准误）

因变量	中性词语	正性词语	负性词语
自由回忆成绩	0.01±0.02	0.15±0.02	0.16±0.02
再认记忆成绩	0.42±0.04	0.49±0.04	0.46±0.04
“记得”反应成绩	0.28±0.04	0.31±0.04	0.32±0.03
“知道”反应成绩	0.15±0.03	0.19±0.03	0.14±0.03
来源记忆成绩（女性）	0.67±0.03	0.78±0.03	0.70±0.02
来源记忆成绩（男性）	0.76±0.07	0.61±0.05	0.70±0.04

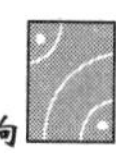

3.5.4.2 情绪对再认记忆的影响

有一名被试的数据未能采集到。三类词语的再认记忆成绩的描述性统计数据见表3-6第3行。重复测量分析表明，情绪的主效应不显著 [$F(2, 74)=1.979$, $p=0.145$, partial $\eta^2=0.051$]，即三类词语的再认记忆成绩不存在显著差异。三类词语的"记得"反应成绩和"知道"反应成绩的描述性统计数据见表3-6第4行和第5行。分析表明，三类词语的"记得"反应成绩不存在显著差异 [$F(2, 74)=1.847$, $p=0.165$, partial $\eta^2=0.048$]，三类词语的"知道"反应成绩也不存在显著差异 [$F(2, 74)=1.179$, $p=0.313$, partial $\eta^2=0.031$]。

3.5.4.3 情绪对来源记忆的影响

三类词语的来源记忆的描述性统计数据见表3-6第6行和第7行。分析表明，情绪的主效应不显著 [$F(1.839, 66.21)=0.191$, $p=0.809$, partial $\eta^2=0.005$]。不过，性别和情绪的交互作用显著 [$F(1.839, 66.21)=5.194$, $p=0.008$, partial $\eta^2=0.126$]。进一步分析表明，对女性被试而言，情绪的主效应显著 [$F(1.667, 48.338)=4.248$, $p=0.019$, partial $\eta^2=0.128$]。采用 Bonferroni 校正进行分析表明，正性词语的来源记忆成绩显著高于中性词语（$p=0.071$），负性词语和中性词语在来源记忆成绩上无显著差异（$p=0.807$），正性词语的来源记忆成绩与负性词语的来源记忆成绩无显著差异（$p=0.181$），对男性被试而言，情绪的主效应不显著 [$F(2, 14)=2.067$, $p=0.163$, partial $\eta^2=0.228$]。

3.5.5 讨论

与前面几个实验的结果一致，实验5也表明，情绪能够增强自由回忆。综合目前5个实验的结果以及前人的研究结果（e.g., Davidson et al., 2006; Doerkon and Shimamura, 2001），可以非常确切地得出结论：情绪能够增强中文词语的自由回忆。

与实验1、实验2和实验4相一致，实验5表明，情绪不能增强再认记忆。此外，情绪对"记得"和"知道"的正确率也无影响。综合这些实验结果可以看出，情绪对词语的再认记忆不存在稳定的增强效应（仅仅在实验3中发现情绪增强了再认记忆）。

在实验5中仅仅在女性被试上发现正性情绪有增强来源记忆的趋势，而负性情绪对来源记忆不存在影响。回顾前面的四个实验，（相对于中性情绪）正性情绪和负性情绪均未增强来源记忆。不过在实验1和实验4中，正性情绪下的来源记忆成绩显著高于负性情绪下的来源记忆成绩。因此，在特定条件下，情绪对来源记忆的影响与效价有关。

3.6 实验6：巩固阶段诱发情绪对中文词语及其两种字体颜色的记忆的影响

上述五个实验考察了编码阶段诱发情绪对项目记忆和来源记忆的影响，在接下来的实验中，将采用在学习结束后诱发情绪的方式，考察巩固阶段诱发情绪对项目记忆和来源记忆的影响。被试学习44个字体颜色为红色或蓝色的中文中性词语，任务是记住每个词语及其相应的字体颜色。学习结束后先进行即时再认记忆和来源记忆测试，然后使实验组观看短片而控制组休息3分钟。学习结束25分钟后进行第二次再认记忆和来源记忆测试。

3.6.1 被试

148名在校大学生或研究生（75名男性和73名女性，平均年龄为21.58岁）参加了本实验。所有被试均报告没有情绪障碍或重大疾病史。被试均获得一定报酬。

3.6.2 刺激材料

3.6.2.1 中文词语

首先通过9点量表，对从《现代汉语频率词典》中选出的333个中文名词的愉悦度、激活度和抽象度进行了评定。从中选出88个中性名词（选取标准为：愉悦度介于4.5～5.5；激活度介于4.5～5.5）。所有词语的词频范围为0.0077～0.0839。将上述88个词语分成A、B两组，这两组词语在如下参数上进行了匹配：愉悦度、激活度、抽象度以及词频。一半被试学习A组词语（B组词语作为再认测验中的干扰词），另一半被试学习B组词语（A组词语作为再认测验中的干扰词）。

3.6.2.2 短片

一共准备了3段负性短片和3段正性短片，招募了89名在校大学生或研究

生（47 名男性和 42 名女性，平均年龄为 23.03 岁）对其进行评价。所有被试均报告没有情绪障碍或重大疾病史。

所有短片的持续时间均为 3 分钟。3 段正性短片分别选自小品《不差钱》（positive1）、《梦幻家园》（positive2）以及《奥运火炬手》（positive3）。3 段负性短片选自中央电视台的节目《讲述》（negative1）、电影《泰坦尼克号》（negative2）以及电影《鲁冰花》（negative3）。

被试首先在 9 点量表上评价自己的愉悦度和激活度。在愉悦度评价中，0 代表极不愉悦，8 代表极愉悦；在激活度评价中，0 代表极弱激活（极度放松、极度迟钝平静或昏昏欲睡），8 代表极强激活（极兴奋激动或极狂热紧张）。评价结束后，被试观看第一段 3 分钟的正性短片。观看结束后，被试再次在 9 点量表上评价自己的愉悦度和激活度，并对自己在观看短片过程中的情绪（见图 3－3 横轴）在 9 点量表上进行评价（0 代表极低的程度，8 代表极高的程度）。第一段短片观看结束后，被试休息约 1 分钟，然后评价自己的愉悦度和激活度，并对自己在观看短片过程中的其他情绪在 9 点量表上进行评价。评价完毕后观看第 2 段正性短片，观看结束后对愉悦度和激活度再次进行评价。按照上述流程，被试完成对 3 段正性短片的评价。在实验中，对上述 3 段短片的呈现顺序进行了拉丁方平衡。负性短片评价流程与正性短片的评价流程一致。

表 3－7 给出了短片评价的描述性统计结果。愉悦度增加率的计算公式为（p2－p1）/p1，其中，p2 代表观看短片后的愉悦度，p1 代表观看短片前的愉悦度。激活度的增加率的计算公式为（a2－a1）/a1，其中，a2 代表观看短片后的激活度，a1 代表观看短片前的激活度。

表 3－7　　短片评价的描述性统计结果（平均值 ± 标准误）

增加率	正性短片			负性短片		
	positive1	positive2	positive3	negative1	negative2	negative3
愉悦度	65% ±14%	29% ±6%	56% ±6%	－71% ±4%	－18% ±10%	－43% ±10%
激活度	89% ±19%	60% ±18%	61% ±13%	82% ±17%	22% ±10%	67% ±11%

以愉悦度的增加率为因变量，对 3 段正性短片的评价数据进行方差分析后表明，positive1 和 positive3 所引起的愉悦度的增加率显著大于 positive2（$p=0.026$ 以及 $p=0.049$）。positive1 所引起的愉悦度的增加率与 positive3 所引起的愉悦度的增加率没有显著差异（$p=0.967$）。在激活度的增加率方面，3 段短片之间不存在显著差异（$ps>0.050$）。但是，有些被试对 positive1 中的演员存在厌恶，而大部分被试认为 positive3 最逗乐，见图 3－3，因此，最后将 positive3 作为正式实验的材料。

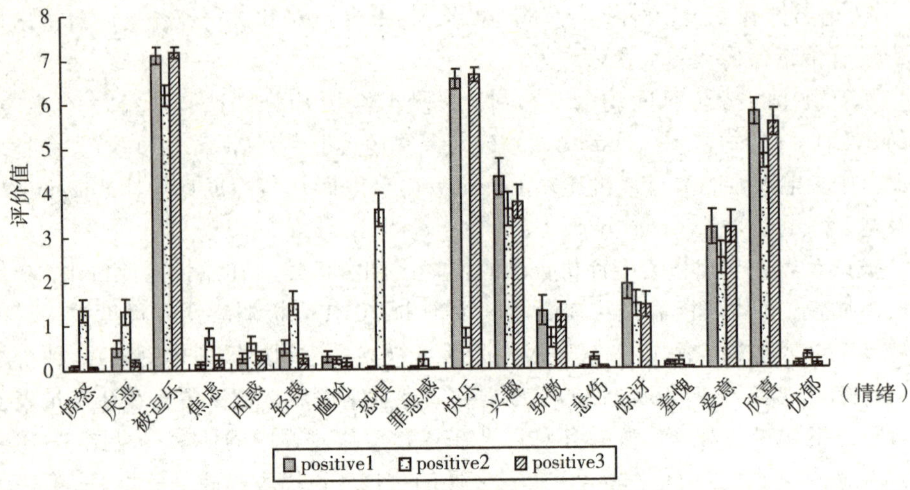

图 3-3 被试对 3 段正性短片的评价（平均值 ± 标准误）

对负性短片的评价数据进行分析后表明，negative1 和 negative3 所引起的愉悦度的下降率显著高于 negative2（$p<0.001$ 以及 $p=0.023$）。negative3 所引起的愉悦度的下降率显著高于 negative2（$p=0.039$）。negative1 和 negative3 所引起的激活度的增加率显著高于 negative2（$p=0.001$ 以及 $p=0.008$）。negative1 和 negative3 所引起的激活度增加率没有显著差异（$p=0.487$）。考虑到大多数被试认为 negative1 诱发的悲伤最为强烈，见图 3-4，在正式实验中选择了 negative1 作为负性短片。

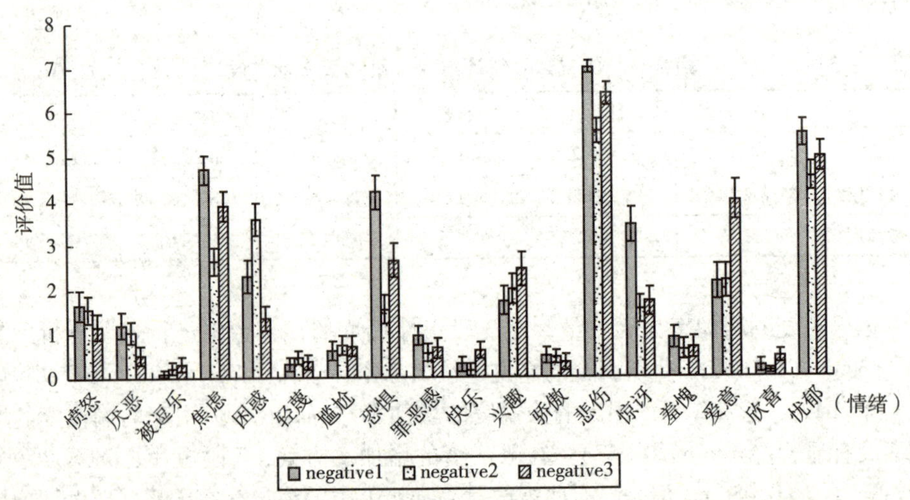

图 3-4 被试对 3 段负性短片的评价（平均值 ± 标准误）

3.6.3　实验设计及流程

由于有研究表明，在情绪对记忆巩固的影响方面可能存在性别差异（e. g. , Wolf et al. , 2001；Zorawski et al. , 2006），本实验采用 2 ×3 被试间设计，组间因素为性别（男性和女性）以及情绪组别（控制组、正性组以及负性组）。随机将男性和女性被试分别分配至上述三组（控制组：25 名男性和 23 名女性；正性组：24 名男性和 24 名女性；负性组：26 名男性和 26 名女性）。正性组或负性组的被试在学习结束后观看 3 分钟的正性或负性短片，控制组被试在学习结束后休息 3 分钟。

在学习阶段，被试坐在电脑屏幕前约 50 厘米处，正对屏幕。在每一个试次中，屏幕中央首先呈现“ + ”，持续 1000 毫秒，然后屏幕中央呈现字体颜色为红色或蓝色的中文词语（字体为 Courier New，字号为 40 磅），持续 2000 毫秒。为了消除近因效应和首因效应，词列的首端和末端分别设置了两个词语。试次间隔为 1000 毫秒。任务要求被试尽可能记住每一个词语及其相应的字体颜色。

学习结束后进行即时记忆测试。从学习阶段的 44 个旧词中随机选出 22 个旧词，将它们与 22 个新词加以混合后在屏幕中央以黑色字体随机呈现。要求被试通过点击相应的按钮对每一个词语做出新旧判断，如果被试将某个词语判定为旧词，则进一步判断其在学习阶段的字体颜色。

即时记忆测试结束后，被试休息 90 秒钟，然后在 9 点量表上评价其当时的愉悦度和激活度。在愉悦度评价中，0 表示极不愉悦，8 表示极愉悦。在激活度评价中，0 表示极为平静放松，8 表示极兴奋激动或极狂热紧张。评价完毕后，控制组被试休息 3 分钟，正性组被试观看 3 分钟的正性短片，负性组被试观看 3 分钟的负性短片。事先没有告诉被试将要观看的短片类型。观看短片或休息结束后，被试再次在 9 点量表上评价他们的愉悦度和激活度。评价完毕后，被试在实验室内保持安静放松，直到延迟记忆测试开始。

延迟记忆测试在学习结束 25 分钟后进行。将学习阶段剩下的 22 个旧词与 22 个新词加以混合后以黑色字体在屏幕中央随机呈现。具体的实验流程与即时记忆测试一致。延迟记忆测试结束后，被试填写两份与情绪有关的问卷：唤醒倾向问卷（Coren，1988）以及情绪调控问卷（Gross and John，2003）。在情绪调控问卷中，有 6 个项目考察情绪再评价（emotion reappraisal），4 个项目考察情绪抑制（emotion suppression）。

3.6.4 统计分析

3.6.4.1 情绪诱发效果

对被试的愉悦度和激活度的评价值进行重复测量分析，组内因素是时间（时间1：观看短片或休息前；时间2：观看短片后或休息后），组间因素是性别以及组别（控制组、正性组以及负性组）。

3.6.4.2 项目记忆和来源记忆

对项目记忆和来源记忆数据进行方差分析，组间因素是性别（男性、女性）以及组别（控制组、正性组以及负性组）。项目记忆巩固的指标为即时记忆测试中的再认记忆减去延迟记忆测试中的再认记忆所得的差值。来源记忆巩固的指标为即时记忆测试中的来源记忆减去延迟记忆测试中的来源记忆所得的差值。

有4名被试的再认记忆数据处于随机水平，因此被剔除。此外，有一名被试的再认记忆成绩高于其所在组的平均成绩的3个标准差，因此也被剔除。最后的统计分析是基于143名被试的数据（71名女性和72名男性）。

3.6.4.3 情绪问卷

计算了唤醒倾向、情绪再评价以及情绪抑制这三项数据的中值，根据这些中值将被试分为两组（高水平组和低水平组）。表3-8给出了控制组、正性组和负性组被试在唤醒倾向、情绪再评价以及情绪抑制这三个方面的全距和中值。表3-9给出了各组的被试人数。有9名被试的数据未采集到（包括4名被试的唤醒倾向数据，3名被试的情绪再评价数据，以及2名被试的情绪抑制数据）。采用方差分析的方法，两个组间因素是组别（控制组、正性组和负性组）以及通过情绪问卷反映的情绪水平（高水平、低水平）。

表3-8　三组被试在唤醒倾向、情绪再评价和情绪抑制上的全距和中值

组别	唤醒倾向		情绪再评价		情绪抑制	
	全距	中值	全距	中值	全距	中值
控制组	24~45	36	12~42	29	4~21	14
正性组	19~54	35	22~40	31	5~25	14
负性组	27~55	36	21~37	31	9~24	14

表 3－9 在高水平和低水平组的被试人数

组别	唤醒倾向		情绪再评价		情绪抑制	
	低水平	高水平	低水平	高水平	低水平	高水平
控制组	25	20	27	18	26	19
正性组	26	22	23	25	25	23
负性组	25	21	24	23	26	22

3.6.5 结果

3.6.5.1 情绪诱发的有效性（基于愉悦度数据的分析结果）

方差分析表明，时间的主效应不显著 [$F(1, 137) = 0.496$，$p = 0.482$，partial $\eta^2 = 0.004$]，即在时间 1（观看短片前或休息前）的愉悦度与时间 2（观看短片后或休息后）的愉悦度不存在显著差异。组别的主效应显著 [$F(2, 137) = 38.726$，$p < 0.001$，partial $\eta^2 = 0.361$]，负性组的愉悦度显著低于正性组（$p < 0.001$）和控制组（$p < 0.001$），正性组的愉悦度显著高于控制组（$p < 0.001$）。性别的主效应显著 [$F(1, 137) = 5.727$，$p = 0.018$，$\eta^2 = 0.04$]，男性被试的愉悦度显著高于女性被试。此外，时间与组别存在显著的交互作用 [$F(2, 137) = 67.648$，$p < 0.001$，partial $\eta^2 = 0.497$]，见图 3－5。进一步分析表明，在时间 1 的三组被试的愉悦度没有显著差异 [$F(2, 140) = 0.563$，$p = 0.571$，partial $\eta^2 = 0.008$]，然而，在时间 2 的正性组的愉悦度显著高于控制组（$p < 0.001$）和负性组（$p < 0.001$），负性组的愉悦度显著低于控制组（$p < 0.001$）。其他交互作用均不显著 [时间 × 性别：$F(1, 137) = 0.003$，$p = 0.953$，partial $\eta^2 < 0.001$；性别 × 组别：$F(2, 137) = 1.364$，$p = 0.259$，partial $\eta^2 = 0.02$；时间 × 性别 × 组别：$F(1, 137) = 0.933$，$p = 0.013$，partial $\eta^2 = 0.013$]。上述结果表明，正性短片能够有效地增强愉悦度，而负性短片能够有效地降低愉悦度。

3.6.5.2 情绪诱发的有效性（基于激活度数据的分析结果）

有 4 名被试的激活度的数据未采集到。方差分析表明，时间的主效应显著 [$F(1, 133) = 13.621$，$p < 0.001$，partial $\eta^2 = 0.093$]，时间 2 的激活度显著高于时间 1 的激活度。组别的主效应显著 [$F(2, 133) = 6.506$，$p = 0.002$，partial $\eta^2 = 0.089$]，正性组的激活度显著高于控制组（$p = 0.001$）和负性组（$p = 0.033$），但是负性组的激活度和控制组无显著差异（$p = 0.150$）。性别的主效应不显著

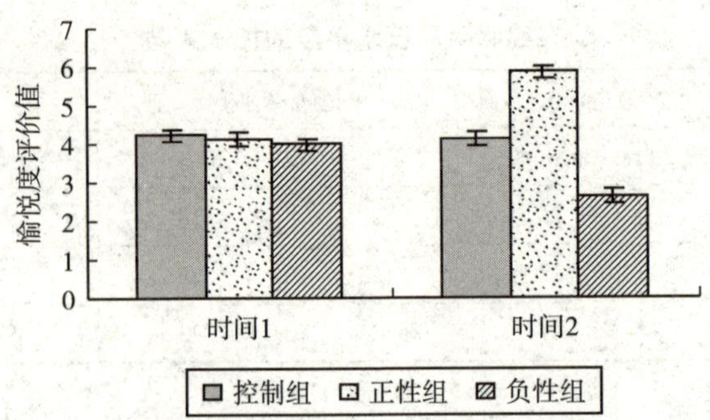

图 3-5　时间 1（观看短片前或休息前）和时间 2（观看短片后或休息后）三组被试的愉悦度的评价值（平均值 ± 标准误）

[$F(1, 133)=2.125$，$p=0.147$，partial $\eta^2=0.010$]。时间和组别存在显著的交互作用[$F(2, 133)=10.837$，$p<0.001$，partial $\eta^2=0.140$]，见图 3-6，在时间 1 的三组被试的激活度无显著差异[$F(2, 133)=0.017$，$p=0.983$，partial $\eta^2<0.001$]，但是在时间 2 的正性组和负性组的激活度均显著高于控制组（$p<0.001$ 以及 $p=0.020$），正性组的激活度显著高于负性组（$p=0.001$）。其他的交互作用均不显著[时间×性别：$F(1, 133)=0.219$，$p=0.641$，partial $\eta^2=0.002$；性别×组别：$F(2, 133)=0.796$，$p=0.453$，partial $\eta^2=0.012$；时间×性别×组别：$F(2, 133)=0.985$，$p=0.376$，partial $\eta^2=0.015$]。上述结果表明，正性短片和负性短片能够有效地增强激活度。

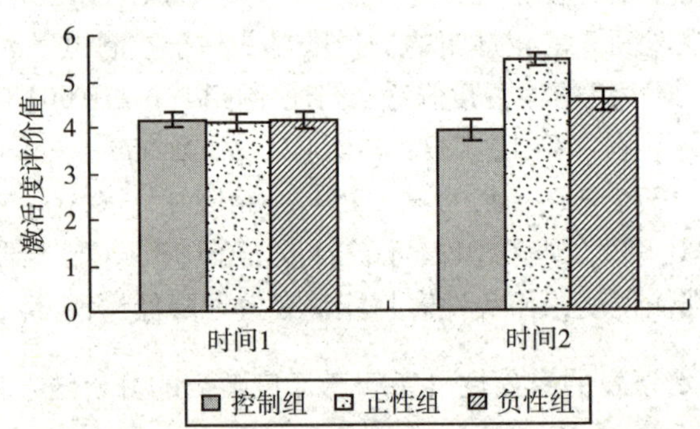

图 3-6　时间 1（观看短片前或休息前）和时间 2（观看短片后或休息后）三组被试的激活度的评价值（平均值 ± 标准误）

为了进一步确认正性和负性短片的有效性，还将观看短片前后的愉悦度和激活度的评价值进行了单样本 t 检验（以量表的中点 4 为参照点），具体结果见表3-10和表3-11。从表3-10可以看出，对于正性短片而言，被试在观看前的愉悦度和激活度评价值与4不存在显著差异，即被试处于中性情绪，但观看后的愉悦度和激活度评价值显著高于4，表明正性短片有效地诱发了正性情绪，同时有效地增强了激活度。从表3-11可以看出，对于负性短片而言，被试在观看前处于中性情绪，但观看后，被试的愉悦度的评价值显著低于4，而激活度的评价值显著高于4，这表明，负性短片有效地诱发了负性情绪，同时有效地增强了激活度。

表3-10　正性短片的有效性检验

因变量	t	自由度	显著性（双尾检验）
Pleasure1	0.784	47	0.437
Arousal1	0.552	47	0.584
Pleasure2	13.280	47	<0.001
Arousal2	10.821	47	<0.001

注：Pleasure1和Arousal1分别代表观看短片前的愉悦度和激活度，Pleasure2和arousal2分别代表观看短片后的愉悦度和激活度。

表3-11　负性短片的有效性检验

因变量	t	自由度	显著性（双尾检验）
Pleasure1	-0.117	48	0.907
Arousal1	0.651	46	0.519
Pleasure2	-7.449	48	<0.001
Arousal2	2.671	46	0.013

注：Pleasure1和Arousal1分别代表观看短片前的愉悦度和激活度，Pleasure2 and Arousal2分别代表观看短片后的愉悦度和激活度。

3.6.5.3 情绪对项目记忆巩固的影响

男性和女性被试的再认记忆见表3-12。方差分析表明，在即时项目记忆成绩上，组别的主效应不显著，即三组被试的即时项目记忆具有可比性［$F(2, 137) = 2.762$，$p = 0.067$，partial $\eta^2 = 0.039$］。此外，性别的主效应不显著，男性和女性被试的即时项目记忆成绩无显著差异［$F(1, 137) = 0.949$，$p = 0.332$，partial $\eta^2 = 0.007$］，性别和组别的交互作用也不显著［$F(2, 137) = 0.549$，$p = 0.579$，partial $\eta^2 = 0.008$］，即对每一组被试而言，男性和女性被试的即时项目记忆成绩

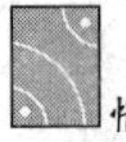

均不存在显著差异。

表 3-12　　项目记忆成绩（平均值 ± 标准误）

组别	男性			女性		
	前测	后测	项目记忆下降值	前测	后测	项目记忆下降值
控制组	0.60 ±0.04	0.51 ±0.04	0.09 ±0.03	0.67 ±0.04	0.46 ±0.04	0.21 ±0.04
正性组	0.61 ±0.04	0.47 ±0.05	0.14 ±0.04	0.64 ±0.03	0.47 ±0.04	0.17 ±0.04
负性组	0.56 ±0.03	0.43 ±0.04	0.13 ±0.03	0.55 ±0.04	0.49 ±0.03	0.06 ±0.03

以即时项目记忆减去延迟项目记忆所得到的记忆下降值作为项目记忆巩固的因变量，组别的主效应不显著［$F(2, 137)=1.838$，$p=0.163$，partial $\eta^2=0.026$］，性别的主效应也不显著［$F(1, 137)=0.835$，$p=0.362$，partial $\eta^2=0.006$］，但是组别和性别存在显著的交互作用［$F(1, 137)=3.635$，$p=0.029$，partial $\eta^2=0.050$］，见图 3-7。进一步分析表明，对男性被试而言，组别的主效应不显著［$F(2, 69)=0.690$，$p=0.505$，partial $\eta^2=0.020$］，但是对女性被试而言，组别的主效应显著［$F(2, 68)=4.266$，$p=0.018$，partial $\eta^2=0.110$］，负性组的女性被试的记忆下降值显著低于控制组女性被试（$p=0.007$），但是正性组的女性被试的记忆下降值与控制组女性被试无显著差异（$p=0.476$）。此外，负性组的女性被试的记忆下降值显著低于正性组女性被试（$p=0.039$）。

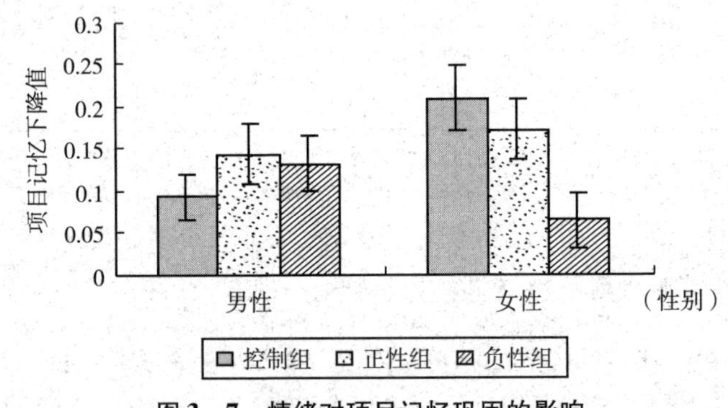

图 3-7　情绪对项目记忆巩固的影响

此外，根据信号检测论计算了 d’（击中率的 z 分数减去虚报率的 z 分数），并以即时测试中的 d’ 减去延迟测试中的 d’ 所得的差值作为项目记忆巩固的指标。结果表明，组别的主效应不显著［$F(2, 137)=1.698$，$p=0.187$，partial $\eta^2=$

0.024]，即三组被试的记忆下降值无显著差异。性别的主效应不显著［$F(1, 137)=0.897$，$p=0.345$，partial $\eta^2=0.007$］，即男性和女性的记忆下降值无显著差异。然而，性别和组别存在显著的交互作用［$F(1, 137)=5.231$，$p=0.006$，partial $\eta^2=0.071$］。进一步分析发现，对男性被试而言，组别的主效应不显著［$F(2, 69)=1.122$，$p=0.332$，partial $\eta^2=0.031$］，但是对女性被试而言，组别的主效应显著［$F(2, 68)=4.621$，$p=0.013$，partial $\eta^2=0.120$］，负性组的女性被试的项目记忆下降值显著低于控制组的女性被试（$p=0.003$），但正性组的女性被试的项目记忆下降值与控制组无显著差异（$p=0.138$），负性组的女性被试的项目记忆下降值与正性组的女性被试无显著差异（$p=0.125$）。因此，采用 *d'* 作为因变量所得到的结果模式与采用 *Pr* 作为因变量所得到的结果模式是一致的。不过，在负性组和正性组的对比上存在差异。

3.6.5.4　情绪对来源记忆巩固的影响

来源记忆的描述性统计数据见表 3-13。以即时测试中的来源记忆作为因变量进行方差分析表明，组别的主效应不显著［$F(2, 137)=2.333$，$p=0.101$，partial $\eta^2=0.030$］，性别的主效应也不显著［$F(1, 137)=0.053$，$p=0.818$，partial $\eta^2<0.001$］，组别和性别的交互作用也不显著［$F(2, 137)=1.493$，$p=0.228$，partial $\eta^2=0.020$］。以即时来源记忆减去延迟来源记忆所得到的记忆下降值作为反映来源记忆巩固的因变量进行方差分析表明，组别的主效应不显著［$F(2, 137)=1.351$，$p=0.263$，partial $\eta^2=0.020$］，性别的主效应也不显著［$F(1, 137)=0.914$，$p=0.341$，partial $\eta^2=0.010$］，组别和性别的交互作用也不显著［$F(1, 137)=0.754$，$p=0.472$，partial $\eta^2=0.010$］，见图 3-8。

表 3-13　　来源记忆成绩（平均值 ± 标准误）

组别	男性			女性		
	前测	后测	来源记忆下降值	前测	后测	来源记忆下降值
控制组	0.76 ±0.03	0.66 ±0.04	0.10 ±0.04	0.71 ±0.02	0.69 ±0.03	0.02 ±0.03
正性组	0.69 ±0.02	0.65 ±0.04	0.04 ±0.05	0.74 ±0.03	0.68 ±0.03	0.05 ±0.03
负性组	0.664 ±0.03	0.65 ±0.04	0.02 ±0.04	0.68 ±0.03	0.70 ±0.03	-0.02 ±0.03

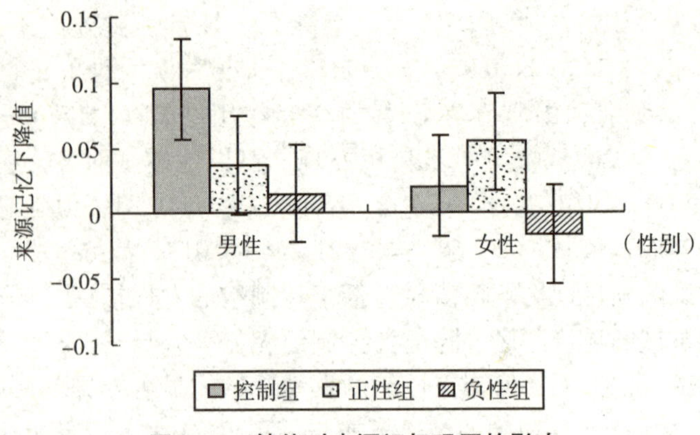

图 3-8 情绪对来源记忆巩固的影响

3.6.5.5 情绪指标的影响

以项目记忆下降值作为因变量，以组别和唤醒倾向水平为固定因素进行方差分析表明，组别的主效应不显著［$F(2, 133) = 2.559$，$p = 0.081$，partial $\eta^2 = 0.04$］，唤醒倾向水平的主效应不显著［$F(1, 133) = 0.425$，$p = 0.515$，partial $\eta^2 = 0.003$］，组别和唤醒倾向水平的交互作用也不显著［$F(2, 133) = 0.246$，$p = 0.782$，partial $\eta^2 = 0.004$］。

以组别和情绪再评价水平为固定因素进行方差分析表明，组别的主效应不显著［$F(2, 134) = 1.484$，$p = 0.230$，partial $\eta^2 = 0.020$］，情绪再评价水平的主效应不显著［$F(1, 134) = 0.028$，$p = 0.868$，partial $\eta^2 < 0.001$］，组别和情绪再评价水平的交互作用也不显著［$F(2, 134) = 0.059$，$p = 0.943$，partial $\eta^2 = 0.001$］。

以组别和情绪抑制水平为固定因素进行方差分析表明，组别的主效应不显著［$F(2, 135) = 1.761$，$p = 0.176$，partial $\eta^2 = 0.030$］，情绪抑制水平的主效应不显著［$F(1, 135) = 0.599$，$p = 0.440$，partial $\eta^2 = 0.004$］。然而，组别和情绪抑制水平的交互作用显著［$F(2, 135) = 3.546$，$p = 0.032$，partial $\eta^2 = 0.050$］，即在较低的情绪抑制水平下，组别的主效应显著［$F(2, 136) = 4.49$，$p = 0.013$，partial $\eta^2 = 0.120$］。进一步分析发现，负性组被试的项目记忆下降值显著低于正性组被试（$t(49) = 3.23$，$p = 0.002$，效应大小 Cohen's $d = 0.900$），正性组和负性组被试的项目记忆下降与控制组无显著差异（$p = 0.224$ 以及 $p = 0.292$）。在较高的情绪抑制水平下，组别的主效应不显著［$F(2, 136) = 0.097$，$p = 0.383$，partial $\eta^2 = 0.030$］。

以来源记忆下降值作为因变量进行方差分析表明，组别和各情绪指标的主效应和交互作用均不显著（$ps > 0.050$）。

3.6.6 讨论

本实验探讨了在巩固阶段诱发情绪对项目记忆和来源记忆的影响，主要发现是：（1）对女性而言，负性情绪促进了项目记忆的巩固，但是无论是正性情绪还是负性情绪均对来源记忆没有影响。（2）对男性而言，无论是正性情绪还是负性情绪对项目记忆和来源记忆的巩固均不存在影响。

尽管目前已有很多研究考察了情绪对情景记忆的影响（e. g.，D'Argembeau and Van der Linden，2006；Doerksen and Shimamura，2001；Kensinger and Corkin，2003；Kensinger and Schacter，2006；Mather and Nesmith，2008），在多数研究中学习材料同时被用作诱发情绪的材料，这种范式很难分清情绪对记忆的哪一个阶段产生影响。在本研究中，情绪是学习结束大约10分钟后诱发的，这样就能考察情绪对记忆巩固的影响。与前人研究不同，我们考察了性别这个因素，发现仅仅有负性情绪对项目记忆巩固具有促进作用，而且这种促进作用只体现在女性被试上。这种性别差异可能是由于男性和女性被试对同样的情绪刺激具有不同的反应（Cahill et al.，2001；Canli et al.，2002；Gasbarri et al.，2007）。

学习之后诱发负性情绪促进了女性被试的项目记忆巩固，这可能是由于杏仁核通过肾上腺素所起的调节作用所致。研究表明，情绪唤醒会导致肾上腺素的分泌（Gold and McCarty，1981）。尽管肾上腺素不能穿越血脑屏障，但它可以激活脑干核团，脑干核团将去甲肾上腺素投射到杏仁核的基底外侧核团，从杏仁核基底外侧核团的输出（output）将进一步投射到包括海马体在内的大脑其他区域（McGaugh，2002）。由于杏仁核基底外侧核团的神经元以一定的节律发放（Paré，2003），因此，接受杏仁核基底外侧核团输出的其他脑区的神经元也将以类似节律发放，这样一来诸多神经元的同时发放就会促进长时程增强的形成，从而增强储存在海马体以及其他脑区的信息的记忆（McGaugh，2002）。

学习结束后诱发的负性情绪促进了女性被试的项目记忆巩固，一个可能解释是相较于正性组或控制组的女性被试，负性组的女性被试在短片观看结束后对之前学习的词语进行了更多的复述。然而，实验结束后的询问表明，三组被试均没有对之前的词语进行复述。因此，复述不是促进负性组女性被试项目记忆巩固的原因。

尽管学习之后诱发的负性情绪促进了女性被试的项目记忆巩固，但正性情绪却对她们的项目记忆和来源记忆均没有影响。这一现象很难解释。不过，一些将学习材料本身作为情绪来源的研究表明，正性情绪对项目记忆没有影响（Dougal and Rotello，2007；Kapucu et al.，2008）。在本研究中，项目记忆测试是在学习结束 25 分钟后进行的。正性情绪和负性情绪对项目记忆巩固的影响具有不同的时间进程，很可能正性情绪对项目记忆的效应需要更长的时间间隔才能表现出来。实际上，已有研究表明，如果记忆测试和学习之间的时间间隔较短，那么情绪唤醒将降低记忆绩效（e. g. , Kleinsmith and Kaplan，1963）。

第 4 章

研究 2：情绪对项目记忆和来源记忆影响的时间进程

研究 2 的目的是考察情绪对中文词语的项目记忆和来源记忆影响的时间进程，包括两个实验。实验 7 考察编码阶段诱发情绪产生的影响，被试学习 60 个字体颜色为红色或蓝色的中文词语（中性、正性和负性词语各 20 个），任务是记住每个词语及其相应的字体颜色。学习结束后被试根据其所在的组别进行某种延迟条件下的记忆测试（包括即时测试、19 分钟延迟测试、63 分钟延迟测试、4.9 小时延迟测试、8.75 小时延迟测试、24 小时延迟测试、2 天延迟测试、6 天延迟测试及 2 周延迟测试）。实验 8 考察巩固阶段诱发情绪产生的影响，被试学习 44 个字体颜色为红色或蓝色的中文中性词语，任务是记住每个词语及其相应的字体颜色。学习结束后先进行即时再认记忆和来源记忆测试，然后观看中性、正性或负性短片。学习结束后被试根据其所在的组别进行某种延迟条件下的记忆测试（包括 25 分钟延迟测试、24 小时延迟测试以及 1 周延迟测试）。

4.1 实验 7：编码阶段诱发情绪对中文词语及其字体颜色记忆的影响的时间进程

4.1.1 被试

136 名来自北京几所高校（包括中国农业大学、中国地质大学、北京林业大学以及北京科技大学）的大学生和研究生（包括 86 名女性和 50 名男性，被试的平均年龄为 22.91 岁）。所有被试均获得一定的报酬。

4.1.2 刺激材料

与研究 1 的实验 1 一致。

4.1.3 实验设计及流程

4.1.3.1 记忆能力测验

在时间进程实验之前安排了记忆能力测验，旨在考察各组被试的项目记忆和来源记忆能力是否具有可比性。在学习阶段，被试坐在电脑屏幕前约 50 厘米处，正对屏幕。在每一个试次中，屏幕中央首先呈现“+”，持续 1000 毫秒，然后屏幕中央呈现抽象图片，持续 3000 毫秒，图片的屏幕背景颜色为红色或蓝色。被试的任务是尽力记住每一张抽象图片及其相应的屏幕背景颜色。被试一共学习 16 张抽象图片。为了避免出现地板效应，被试学习完第一遍后，再次学习所有抽象图片。两次学习中的抽象图片均是随机呈现的。

学习结束后立即进行记忆测验。在记忆测验中，将学习阶段的 16 张抽象图片与 16 张新的抽象图片混合后随机呈现在屏幕中央。在每一个试次中，屏幕中央先呈现“+”，持续 1000 毫秒，然后呈现抽象图片（此时图片的屏幕背景颜色为白色）。被试的任务是点击屏幕上的按钮来判断是否在之前的学习阶段见过屏幕中央的图片。如果被试认为自己在学习阶段见过该图片，则进一步判断在学习阶段该图片的屏幕背景颜色。

4.1.3.2 时间进程实验

采用混合设计，组内因素是情绪（中性、正性和负性），组间因素是延迟条件（即时、19 分钟、63 分钟、4.9 小时、8.75 小时、1 天、6 天、2 周）。分配到即时条件的被试人数为 22 人（16 名女性和 6 名男性），分配到其他各延迟条件下的被试人数均为 16 人（10 名女性和 6 名男性）。因变量是项目记忆和来源记忆成绩。

在学习阶段，被试坐在电脑屏幕前约 50 厘米处，正对屏幕。在每一个试次中，屏幕中央首先呈现“+”，持续 1000 毫秒，然后屏幕中央呈现字体颜色为红色或蓝色的中文词语（字体为 Courier New，字号为 40 磅），持续 2000 毫秒。在每一类词语（中性、正性和负性词语）里，一半词语的字体为红色，另一半为蓝色，这两种颜色是随机分配的。词语呈现期间屏幕背景为白色。为了消除近因效应和首因效应，词列的首端和末端分别设置了两个词语。要求被试尽可能记住每一个词语及其相应的字体颜色。为了避免较长延迟条件下可能出现的地板效应，被试学习完第一遍后，再次学习所有词语。两次学习中的词语均是随机呈现的。

即时组被试在学习结束之后立即进行自由回忆测试，时间持续约 5 分钟。自

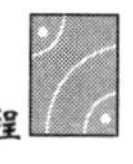

由回忆结束后进行再认记忆和来源记忆测试。具体的测试流程与研究 1 的实验 1 一致。19 分钟延迟组被试学习结束后执行一些简单的数学任务以避免复述，持续时间为 19 分钟。数学任务结束后，依次进行自由回忆测试以及再认记忆和来源记忆测试。63 分钟延迟组被试学习结束后也执行 19 分钟的数学任务，然后离开实验室，直到学习结束 63 分钟后进行记忆测试。4.9 小时延迟组、8.75 小时延迟组、1 天延迟组、6 天延迟组以及 2 周延迟组被试学习结束后均执行 19 分钟同样的数学任务，然后回学校，直到一定的延迟时间后再次返回实验室进行记忆测试。不过，被试只是被告知返回实验室参加实验的第二部分。此外，在被试离开实验室的时候，实验人员提醒他们回去后不要讨论任何与实验有关的内容。

4.1.4　结果

4.1.4.1　记忆能力测验

方差分析表明，在项目记忆上，组别的主效应不显著［$F(7, 124) = 1.634$，$p = 0.132$］。此外，在来源记忆上，组别的主效应也不显著［$F(7, 124) = 1.492$，$p = 0.176$］。因此，各组被试的项目记忆和来源记忆能力具有可比性。

4.1.4.2　情绪对自由回忆影响的时间进程

方差分析表明，情绪的主效应显著［$F(2, 254) = 21.060$，$p < 0.001$，partial $\eta^2 = 0.142$］。进一步分析表明，负性词语的自由回忆成绩显著高于中性词语（$p < 0.001$）和正性词语（$p < 0.001$）的自由回忆成绩，正性词语自由回忆边缘显著高于中性词语（$p = 0.087$）。延迟时间的主效应显著［$F(7, 127) = 10.077$，$p < 0.001$，partial $\eta^2 = 0.357$］，附表 4 给出了多重比较分析结果。情绪和延迟时间的交互作用不显著［$F(14, 254) = 1.000$，$p = 0.453$，partial $\eta^2 = 0.052$］，即无论在哪种延迟条件下，负性词语的自由回忆成绩显著高于正性词语和中性词语的自由回忆成绩，正性词语的自由回忆成绩仅仅表现出高于中性词语的趋势同，见图 4 - 1。

计算了各个延迟时段自由回忆的遗忘速度，具体结果见图 4 - 2。时段 1 为即时 ~ 19 分，时段 2 为 19 分 ~ 63 分，时段 3 为 63 分 ~ 4.9 小时，时段 4 为 4.9 小时 ~ 8.75 小时，时段 5 为 8.75 小时 ~ 1 天，时段 6 为 1 ~ 6 天，时段 7 为 6 天 ~ 2 周。

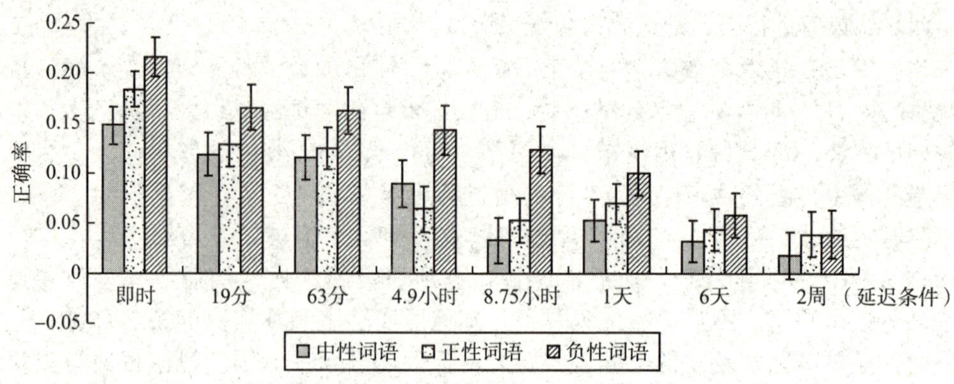

图 4-1　情绪对自由回忆影响的时间进程

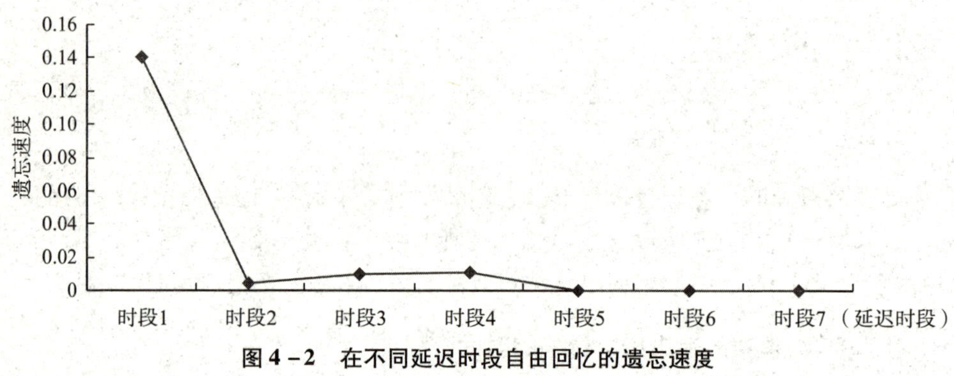

图 4-2　在不同延迟时段自由回忆的遗忘速度

此外，还计算了在各个延迟条件下正性和负性情绪所引起的记忆增加的效应大小（partial η^2），见图 4-3。

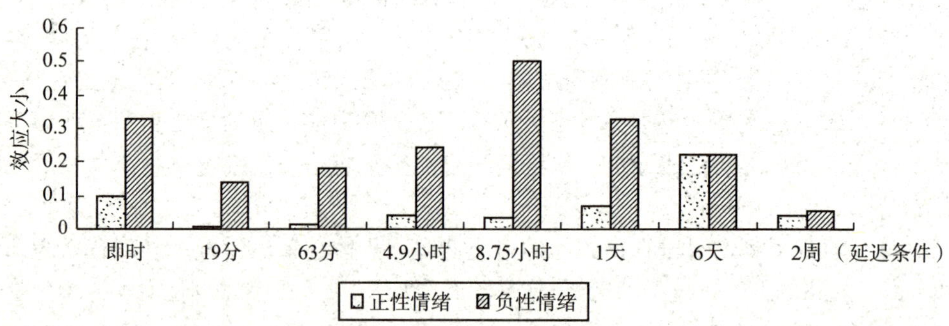

图 4-3　在不同延迟条件下正性和负性情绪所引起的记忆增加效应大小（**partial η^2**）

4.1.4.3　情绪对再认记忆影响的时间进程

方差分析表明，情绪的主效应显著［$F(2, 254) = 6.527$，$p = 0.002$，partial $\eta^2 = 0.049$］。进一步分析表明，负性词语的再认记忆成绩显著低于中性词语（$p = 0.003$），正性词语的再认记忆成绩显著高于负性词语的再认记忆成绩（$p = 0.002$），中性词语和正性词语的再认记忆成绩之间无显著差异（$p = 0.736$）。延迟时间的主效应显著［$F(7, 127) = 10.789$，$p < 0.001$，partial $\eta^2 = 0.373$］。附录6给出了多重比较分析结果。情绪和延迟时间的交互作用不显著［$F(14, 254) = 0.528$，$p = 0.916$，partial $\eta^2 = 0.028$］，即无论在哪种延迟条件下，中性词语和正性词语的再认记忆成绩均显著高于负性词语，中性词语和正性词语的再认记忆成绩之间无显著差异，见图4-4。附表5给出了多重比较结果。

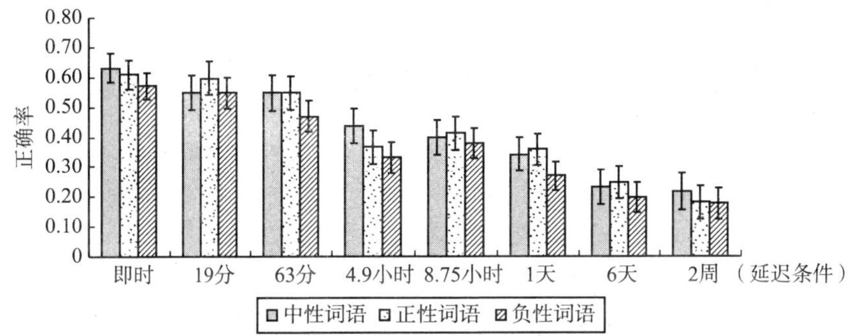

图4-4　情绪对再认记忆影响的时间进程

计算了各个延迟时段再认记忆的遗忘速度，具体结果见图4-5。

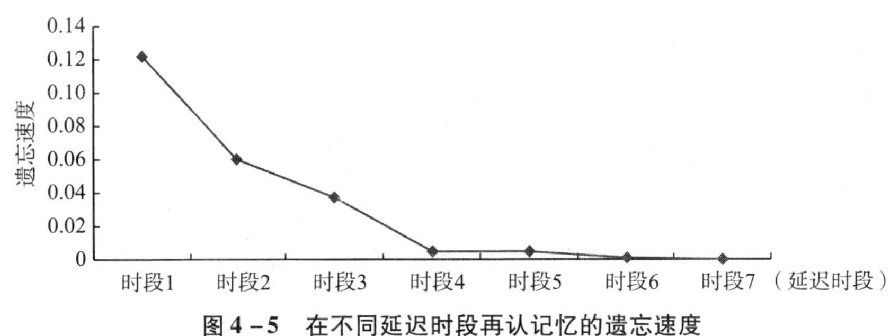

图4-5　在不同延迟时段再认记忆的遗忘速度

以“记得”反应的正确率作为因变量进行方差分析表明，情绪的主效应不显著［$F(2, 254) = 0.050$，$p = 0.951$，partial $\eta^2 < 0.001$］。延迟时间的主效应显著

[$F(7,\ 127) = 6.551$，$p < 0.001$，partial $\eta^2 = 0.265$]。附表6给出了多重比较分析结果。情绪和延迟时间的交互作用不显著 [$F(14,\ 254) = 1.109$，$p = 0.350$，partial $\eta^2 = 0.058$]，见图4-6。

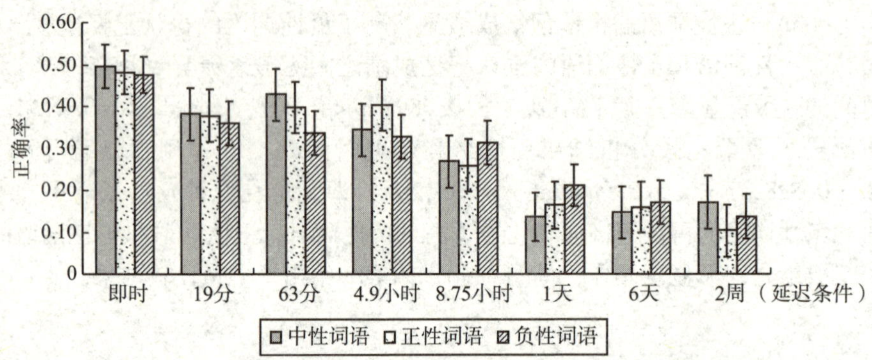

图4-6　情绪对“记得”反应正确率影响的时间进程

以“知道”反应的正确率作为因变量进行方差分析表明，情绪的主效应显著 [$F(2,\ 254) = 4.803$，$p = 0.009$，partial $\eta^2 = 0.034$]。进一步分析表明，负性词语的“知道”反应的正确率显著低于中性词语的“知道”反应的正确率（$p = 0.009$），正性词语的“知道”反应的正确率显著高于负性词语的“知道”反应的正确率（$p = 0.007$），中性词语的“知道”反应的正确率与正性词语的“知道”反应的正确率之间无显著差异（$p = 0.892$）。延迟时间的主效应不显著 [$F(7,\ 127) = 1.620$，$p = 0.136$，partial $\eta^2 = 0.082$]。情绪和延迟时间的交互作用不显著 [$F(14,\ 254) = 1.257$，$p = 0.235$，partial $\eta^2 = 0.065$]，见图4-7。

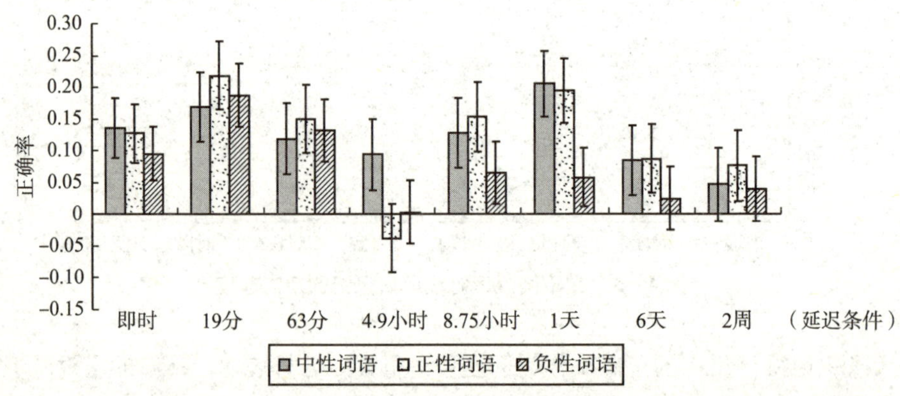

图4-7　情绪对“知道”反应正确率的影响的时间进程

此外，还分析了情绪对“记得”和“知道”反应数目的影响的时间进程。以“记得”反应数目作为因变量进行方差分析表明（有两个被试的数据未收集到），情绪的主效应显著［$F(2, 252)=64.642$，$p<0.001$，partial $\eta^2=0.339$］。进一步分析表明，正性词语和负性词语的“记得”反应数目均显著大于中性词语（$ps<0.001$）。此外，负性词语的“记得”反应数目显著大于正性词语（$p<0.001$）。延迟时间的主效应边缘显著［$F(7, 126)=1.877$，$p=0.079$，partial $\eta^2=0.094$］。情绪和延迟时间的交互作用显著［$F(14, 252)=1.769$，$p=0.044$，partial $\eta^2=0.089$］，见图 4－8。附表 7 给出了“记得”反应数目的多重比较结果。表 4－1 给出了在各种延迟条件下三类词语的“记得”反应数目的配对 t 检验结果。

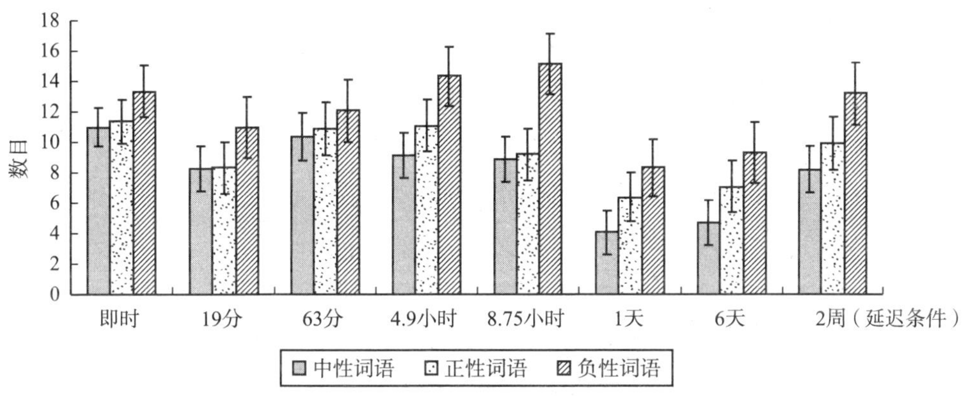

图 4　8　情绪对“记得”反应数目的影响的时间进程

表 4－1　各延迟条件下中性词语、正性词语和负性词语的“记得”反应数目的配对 t 检验结果

延迟条件	配对 t 检验结果
即时	正性词语与中性词语无显著差异，$t(21)=0.828$，$p=0.417$
	负性词语显著大于中性词语，$t(21)=3.172$，$p=0.005$
	负性词语显著大于正性词语，$t(21)=3.489$，$p=0.002$
19 分	正性词语与中性词语无显著差异，$t(15)=0.061$，$p=0.952$
	负性词语显著大于中性词语，$t(15)=2.294$，$p=0.037$
	负性词语显著大于正性词语，$t(15)=3.178$，$p=0.006$

续表

延迟条件	配对 t 检验结果
63 分	正性词语与中性词语无显著差异，$t(14)=0.913$，$p=0.377$
	负性词语与中性词语无显著差异，$t(14)=1.667$，$p=0.118$
	负性词语与正性词语无显著差异，$t(14)=1.391$，$p=0.186$
4.9 小时	正性词语显著大于中性词语，$t(15)=2.128$，$p=0.05$
	负性词语显著大于中性词语，$t(15)=5.648$，$p<0.001$
	负性词语显著大于正性词语，$t(15)=2.828$，$p=0.013$
8.75 小时	正性词语与中性词语无显著差异，$t(15)=0.272$，$p=0.79$
	负性词语显著大于中性词语，$t(15)=3.760$，$p=0.002$
	负性词语显著大于正性词语，$t(15)=6.161$，$p<0.001$
1 天	正性词语显著大于中性词语，$t(17)=3.928$，$p=0.001$
	负性词语显著大于中性词语，$t(17)=3.577$，$p=0.002$
	负性词语显著大于正性词语，$t(17)=2.501$，$p=0.023$
6 天	正性词语显著大于中性词语，$t(15)=2.301$，$p=0.036$
	负性词语显著大于中性词语，$t(15)=3.706$，$p=0.002$
	负性词语显著大于正性词语，$t(15)=2.303$，$p=0.036$
2 周	正性词语边缘显著大于中性词语，$t(14)=2.116$，$p=0.053$
	负性词语显著大于中性词语，$t(14)=3.260$，$p=0.006$
	负性词语边缘显著大于正性词语，$t(17)=1.768$，$p=0.099$

以“知道”反应数目作为因变量进行方差分析表明（有两个被试的数据未收集到），情绪的主效应显著［$F(2, 252)=11.911$，$p<0.001$，partial $\eta^2=0.086$］。正性词语和负性词语的“知道”反应数目均显著大于中性词语（$ps<0.001$），负性词语的“知道”反应数目与正性词语无显著差异（$p=0.617$）。延迟时间的主效应显著［$F(7, 126)=3.865$，$p=0.001$，partial $\eta^2=0.177$］。情绪和延迟时间的交互作用不显著［$F(14, 252)=1.084$，$p=0.374$，partial $\eta^2=0.057$］，见图 4-9。附表 8 给出了在各种延迟条件下三类词语的“知道”反应数目的多重比较结果。

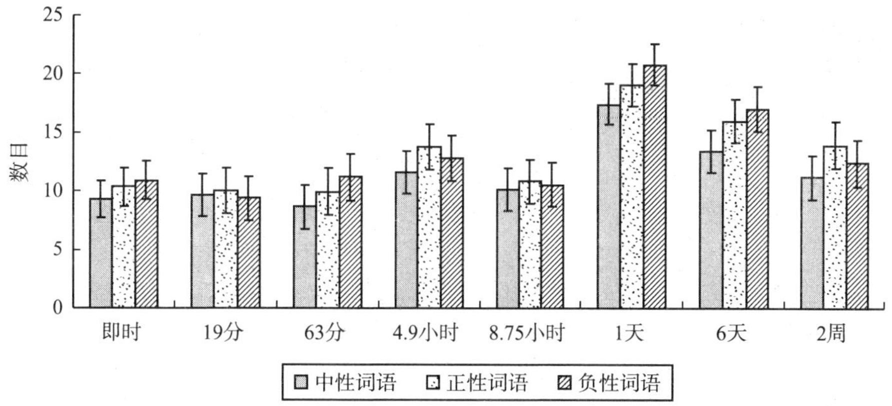

图 4 −9　情绪对“知道”反应数目的影响的时间进程

4.1.4.4　情绪对来源记忆影响的时间进程

有一名被试未能参加第二次实验，因此该被试的数据未被纳入分析。方差分析表明，情绪的主效应不显著 [$F(2, 254) = 0.513$，$p = 0.599$，partial $\eta^2 = 0.004$]。延迟时间的主效应显著 [$F(7, 124) = 5.711$，$p < 0.001$，partial $\eta^2 = 0.244$]。多重比较分析结果见附表 9。情绪和延迟时间的交互作用不显著 [$F(14, 254) = 0.964$，$p = 0.491$，partial $\eta^2 = 0.051$]，见图 4 −10。

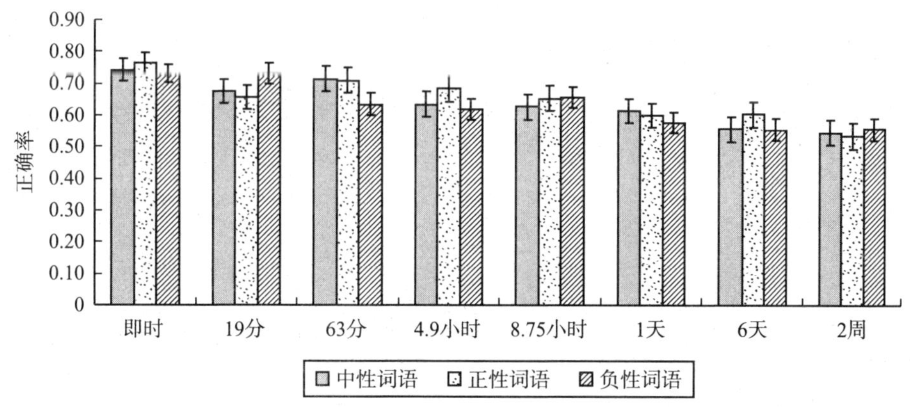

图 4 −10　情绪对来源记忆的影响的时间进程

计算了各个延迟时段来源记忆的遗忘速度，具体结果见图 4 −11。

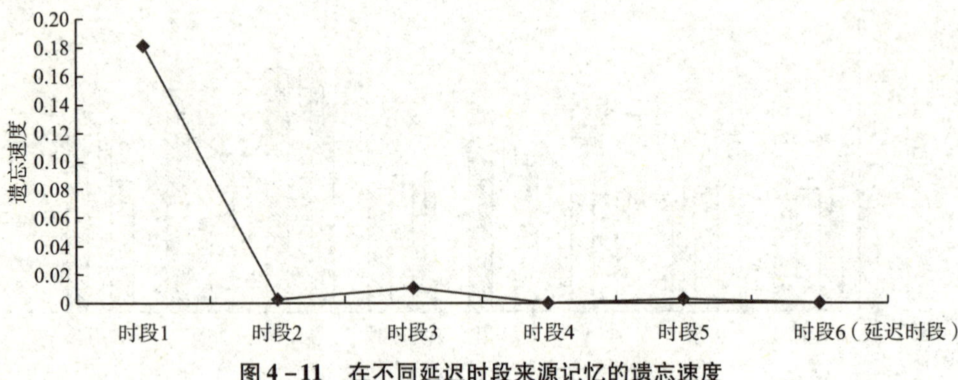

图 4-11　在不同延迟时段来源记忆的遗忘速度

采用单样本 t 检验，考察了每种延迟条件下中性词语、正性词语和负性词语的来源记忆成绩与随机水平（0.5）是否具有显著差异，具体结果见表 4-2。可以看出，在延迟 6 天的测试中，中性词语的来源记忆成绩与随机水平无显著差异，但是正性词语的来源记忆成绩却显著高于随机水平，负性词语的来源记忆成绩边缘显著高于随机水平。在延迟两周的测试中，中性词语和正性词语的来源记忆成绩均与随机水平虽无显著差异，但负性词语的来源记忆成绩却显著高于随机水平。

表 4-2　不同延迟条件下中性词语、正性词语和负性词语的来源记忆成绩与随机水平（0.5）的比较

延迟条件	中性词语	正性词语	负性词语
即时	$t(21)=7.561$，$p<0.001$	$t(21)=9.150$，$p<0.001$	$t(21)=6.996$，$p<0.001$
19 分	$t(15)=4.188$，$p=0.001$	$t(15)=3.117$，$p=0.007$	$t(15)=7.205$，$p<0.001$
63 分	$t(15)=4.662$，$p<0.001$	$t(15)=4.560$，$p<0.001$	$t(15)=3.084$，$p=0.008$
4.9 小时	$t(15)=3.852$，$p=0.002$	$t(15)=4.151$，$p=0.001$	$t(15)=3.086$，$p=0.008$
8.75 小时	$t(15)=5.218$，$p<0.001$	$t(15)=3.584$，$p=0.003$	$t(15)=6.372$，$p<0.001$
1 天	$t(17)=2.601$，$p=0.019$	$t(17)=3.026$，$p=0.008$	$t(17)=2.194$，$p=0.042$
6 天	$t(15)=1.395$，$p=0.183$	$t(15)=4.278$，$p=0.001$	$t(15)=1.914$，$p=0.075$
2 周	$t(14)=1.175$，$p=0.259$	$t(14)=0.834$，$p=0.418$	$t(14)=2.393$，$p=0.031$

4.1.5　讨论

本实验旨在考察编码阶段诱发情绪对项目记忆和来源记忆影响的时间进程，主要发现是：（1）在各种延迟条件下，负性情绪能够增强自由回忆，但正性情绪仅有增强自由回忆的趋势。(2) 在各种延迟条件下，正性情绪对再认记忆没有影响，但负性情绪减弱了再认记忆。(3) 在各种延迟条件下，正性情绪和负性情绪均增大了“记得”反应的数目，但正性情绪和负性情绪均不影响“记得”反应的正确率。负性情绪降低了“知道”反应的正确率，但正性情绪对“知道”反应的正确率没有影响。(4) 在各种延迟条件下，正性情绪和负性情绪均对来源记忆没有影响。

4.1.5.1 情绪对自由回忆影响的时间进程

与以往的一些研究一致（Doerkson and Shimamura，2001），本实验发现，负性情绪能够增强自由回忆。然而，以往的多数研究仅仅采用了一个测试时间点。本研究发现，随着时间的推移，负性情绪对自由回忆的增强效应一直存在，即使在延迟两周的测试条件下，负性情绪对自由回忆的增强效应依然存在。不过，无论在哪种延迟条件下，正性情绪只是表现出增强自由回忆的趋势。由于本研究对正性词语和负性词语的激活度进行了匹配，因此上述结果表明，在情绪对自由回忆的影响方面，效价是一个很关键的因素。相较于正性情绪，负性情绪可以更为有效地维持自由回忆，其原因可能是由于负性词语引起了更高程度的杏仁核激活。有研究表明，情绪对记忆的影响依赖于杏仁核的调节作用（e. g.，McGaugh，2002）。基于被试的主观评价数据，我们对正性词语和负性词语的激活度进行了匹配，但这并不意味着这两类词语所引起的杏仁核的激活程度是一致的。负性词语所引起的激活程度很有可能大于正性词语所引起的激活程度，从而更为有效地促进了记忆的保持。

4.1.5.2 情绪对再认记忆影响的时间进程

本实验表明，在各种延迟条件下，负性情绪会减弱再认记忆，而正性情绪则对再认记忆没有影响，这与某些前人研究发现一致。例如，有研究表明，对负性词语的再认记忆成绩显著低于对中性词语的再认记忆成绩（Maratos et al.，2000）。有研究者向抑郁症被试和健康对照被试呈现正性、负性和中性词语，发现两组被试对负性词语的再认记忆成绩均小于对中性词语的再认记忆成绩（Danion et al.，1995）。其原因可能是，相较于中性词语，情绪词语之间的语义相关度更高（Phelps et al.，1998），导致再认记忆测试中被试对情绪词语的虚报率要高于中性词语，进而导致情绪词语的再认记忆成绩低于中性词语或与中性词语无显著差异。

再认记忆包含两种成分，分别与有意识的清楚回忆和仅仅感到熟悉相关，这两种成分可以通过“记得”和“知道”范式得以考察。本实验表明，负性情绪降低了再认记忆的正确率，那么情绪究竟降低了再认记忆的哪种成分？在各种延

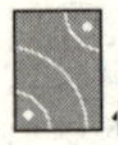

迟条件下，情绪对“记得”反应的正确率没有影响，负性情绪降低了“知道”反应的正确率，而正性情绪却对“知道”反应的正确率没有影响。因此，负性情绪降低的仅仅是“知道”反应的正确率。

本实验表明，在某些延迟条件下（4.9 小时、1 天和 6 天延迟），正性情绪增强了“记得”反应的数目，而在绝大多数延迟条件下（除了 63 分钟延迟外），负性情绪都增强了“记得”反应的数目。因此，尽管情绪不能提高“记得”反应的正确率，但在一定条件下可以增强“记得”感，特别是负性情绪更是如此，这与前人的研究发现是一致的（Phelps and Sharot，2008）。此外，在各种延迟条件下，正性和负性情绪均会增加“知道”反应的数目。因此，情绪仅会增加熟悉感，并不会增加正确率，甚至负性情绪还会降低正确率。

4.1.5.3 情绪对来源记忆影响的时间进程

本实验表明，无论在哪种延迟条件下，情绪对来源记忆都不存在影响，这与前人的研究结论一致（Davidson et al.，2006；Sharot and Yonelinas，2008）。情绪对来源记忆的影响取决于与情绪刺激相关的背景信息对个体是否具有适应性意义或对预测将来的事件是否具有价值，如果该背景信息不具备这种意义或价值，那么情绪就不会增强来源记忆（Sharot and Yonelinas，2008）。在本实验中，来源信息是词语的颜色，对于被试而言，这种来源信息很可能并不具有适应性意义，对预测将来的事件也并不具有明显的价值，因此，无论是正性情绪还是负性情绪均未增强来源记忆就不足为奇了。有研究者认为，情绪对来源记忆的影响取决于具体的实验范式：在有的范式中，情绪导致被试只将注意资源集中到项目本身而忽略与该项目有关的来源信息，在这种情况下，情绪就会降低来源记忆；而在有的范式中，被试很容易将注意资源同时分配到项目及其来源信息上，情绪就会增强来源记忆（Davidson et al.，2006）。在本实验中，要求被试尽力记忆每一个词语及其相应的字体颜色，按照戴维森等（2006）的观点，应该发现情绪可以增强来源记忆，然而，实际的结果却并非如此，因此本实验结果支持沙罗和尤内利亚斯（Sharot and Yonelinas，2008）的观点。

4.2 实验 8：巩固阶段诱发情绪对中文词语及其字体颜色记忆的影响的时间进程

实验 8 的目的是考察巩固阶段诱发情绪对中文词语的项目记忆和来源记忆影响的时间进程。被试学习 44 个字体颜色为红色或蓝色的中文中性词语，任务是记住每个词语及其相应的字体颜色。学习结束后先进行即时再认记忆和来源记忆测试，然后观看中性、正性或负性短片。学习结束后被试根据其所在的组别进行某种延迟条件下的记忆测试（包括25分钟延迟测试、24小时延迟测试以及1周延迟测试）。

4.2.1　被试

144名来自北京几所高校（包括中国农业大学、中国地质大学、北京林业大学以及北京科技大学）的大学生和研究生（包括108名女性和36名男性，被试的平均年龄为22.49岁）。所有被试均获得一定的报酬。

4.2.2　刺激材料

4.2.2.1　中文词语

与实验6基本一致，见附表2。

4.2.2.2　短片

实验组被试观看正性和负性短片（与实验6一致），控制组被试则观看一段讲述如何正确刷牙的中性短片。招募了25名大学生被试（15名男性和10名女性）对该中性短片进行了评价。在观看短片前，被试在9点量表上评价其当时的愉悦度和激活度。在愉悦度评价中，0表示极不愉悦，8表示极愉悦。在激活度评价中，0表示极平静放松，8表示极兴奋激动或极狂热紧张。评价完毕后，被试观看3分钟的中性短片，观看短片后，被试再次在9点量表上评价他们的愉悦度和激活度。

采用配对t检验分析了观看短片前后的愉悦度和激活度。结果表明，观看中性短片后的愉悦度与观看前的愉悦度无显著差异（$p=0.062$），观看中性短片后的激活度与观看前的激活度也无显著差异（$p=0.491$）。此外，采用单样本t检验，考察了观看中性短片前后的愉悦度和激活度是否与量表的中点（4）存在显著差异。结果表明，观看中性短片前，愉悦度和激活度与量表的中点（4）不存在显著差异（$p=0.600$以及$p=0.753$），观看中性短片后，愉悦度和激活度与量表的中点（4）也不存在显著差异（$p=0.134$以及$p=0.265$）。上述结果表明，本实验所采用的中性短片是合适的。

为了进一步确认中性短片是否合适，还将中性短片所引起的愉悦度和激活度的增加值与实验6中的情绪短片所引起的愉悦度和激活度的增加值进行了比较分析。结果表明，正性短片所引起的愉悦度的增加值显著高于中性短片（$p<0.001$），而负性短片所引起的愉悦度的增加值显著低于中性短片（$p<0.001$）。此外，正性短片和负性短片所引起的激活度的增加值均显著高于中性短片（$p<0.001$）。上述结果进一步表明，本实验采用的中性短片是合适的。

4.2.3 实验设计及流程

采用3×3因素设计。因素1是情绪组别（控制组、正性组和负性组），因素2是延迟条件（25分钟、1天、1周）。因变量是即时项目记忆和来源记忆成绩减去延迟项目记忆和来源记忆成绩所得的差值。随机将被试分成9组，每组均包含12名女性被试和4名男性被试。实验组被试在学习结束后观看3分钟的正性或负性短片，控制组被试在学习结束后则观看3分钟的中性短片。

在学习阶段，被试坐在电脑屏幕前约50厘米处，正对屏幕。在每一个试次中，屏幕中央首先呈现“+”，持续1000毫秒，然后屏幕中央呈现字体颜色为红色或蓝色的中文词语（字体为Courier New，字号为40磅），持续4000毫秒。在每一类词语（中性、正性和负性词语）里，一半词语的字体为红色，另一半词语的字体为蓝色，这两种颜色是随机分配的。词语呈现期间屏幕背景颜色为白色。为了消除近因效应和首因效应，词列的首端和末端分别设置了两个词语。要求被试尽可能记住每一个词语及其相应的字体颜色。

学习结束后进行即时记忆测试。从学习阶段的44个旧词中随机选出22个旧词，将其与22个新词加以混合后在屏幕中央以黑色字体随机呈现。要求被试通过点击相应的按钮对每一个词语作出如下三种判断中的一种：（1）“清楚记得”（即能够清楚地有意识地回忆起与学习某个词语相关的情景或细节）；（2）“感到熟悉”（即只是对某个词语感到熟悉，但无法清楚地有意识地回忆起与学习某个词语相关的情景或细节）；（3）“没有见过”（即在学习阶段没有见过某个词语）。如果被试作出了“清楚记得”或“感到熟悉”的判断，则进一步点击相应的按钮判断该词语在学习阶段呈现时的字体颜色。被试做判断时无时间限制。

即时记忆测试结束后，被试休息90秒钟，然后在9点量表上评价其当时的愉悦度和激活度。在愉悦度评价中，0表示极不愉悦，8表示极愉悦。在激活度评价中，0表示极为平静放松，8表示极兴奋激动或极狂热紧张。评价完毕后，控制组被试观看3分钟的中性短片，正性组被试观看3分钟的正性短片，负性组被试观看3分钟的负性短片。事先没有告诉被试将要播放的短片类型。观看短片结束后，被试再次在9点量表上评价他们的愉悦度和激活度。评价完毕后，所有被试执行约15分钟的数学任务（连续计算，如从2000开始，完成连续减3的任务，即先计算2000－3＝1997；然后计算1997－3＝1994，接下来计算1994－3＝1991，以此类推）。

在延迟记忆测试中，将学习阶段剩下的22个旧词与22个新词加以混合后以黑色字体在屏幕中央随机呈现。具体的实验流程与即时记忆测试一致。

4.2.4 结果

4.2.4.1 情绪诱发的有效性（基于愉悦度数据）

由于被试的错误操作，12名被试（控制组、正性组和负性组各4人）的愉悦度数据未采集到。对相关数据进行了重复测量方差分析，组内因素是时间（时间1：观看短片前；时间2：观看短片后），组间因素1为情绪组别（控制组、正性组、负性组），组间因素2为延迟条件（25分钟延迟、1天延迟、1周延迟）。结果表明，时间的主效应显著［$F(1, 123) = 14.217$，$p < 0.001$，partial $\eta^2 = 0.104$］，观看短片后的愉悦度显著低于观看短片前的愉悦度。情绪组别的主效应显著［$F(2, 123) = 32.367$，$p < 0.001$，partial $\eta^2 = 0.345$］，正性组的愉悦度显著高于控制组（$p < 0.001$），负性组的愉悦度显著低于控制组（$p < 0.004$），正性组的愉悦度显著高于负性组（$p < 0.001$）。延迟条件的主效应不显著［$F(2, 123) = 1.026$，$p = 0.362$，partial $\eta^2 = 0.016$］。时间和情绪组别的交互作用显著［$F(2, 123) = 2.293$，$p = 0.058$，partial $\eta^2 = 0.045$］。进一步分析表明，在观看短片前，情绪组别和延迟条件的主效应以及两者的交互作用均不显著（$ps > 0.050$），而在观看短片后，情绪组别的主效应显著（$p < 0.001$），正性组的愉悦度显著高于控制组（$p < 0.001$），负性组的愉悦度显著低于控制组（$p < 0.004$），正性组的愉悦度显著高于负性组（$p < 0.001$）。

延迟条件的主效应不显著（$p = 0.218$），时间和延迟条件的交互作用边缘显著［$F(2, 123) = 2.923$，$p = 0.058$，partial $\eta^2 = 0.045$］。情绪组别和延迟条件的交互作用不显著［$F(4, 123) = 0.744$，$p = 0.564$，partial $\eta^2 = 0.024$］，时间、延迟条件和情绪组别的交互作用不显著［$F(4, 123) = 0.055$，$p = 0.994$，partial $\eta^2 = 0.002$］。上述结果表明，对各组被试而言，正性短片和负性短片能够有效地增强或降低愉悦度，见图4－12～图4－14。

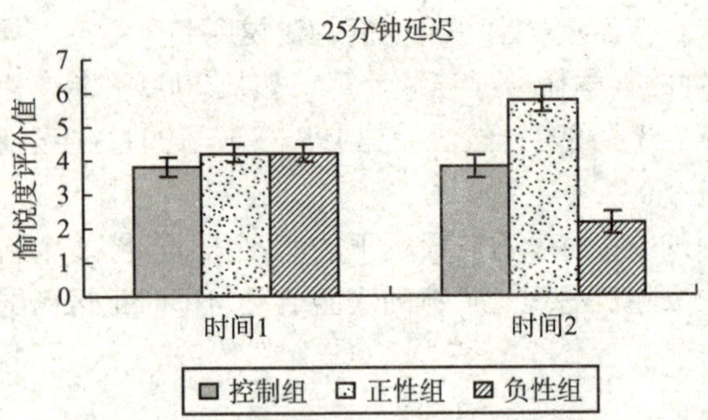

图 4-12　时间 1（观看短片前）和时间 2（观看短片后）被试的愉悦度的评价值（平均值±标准误）（25 分钟延迟条件）

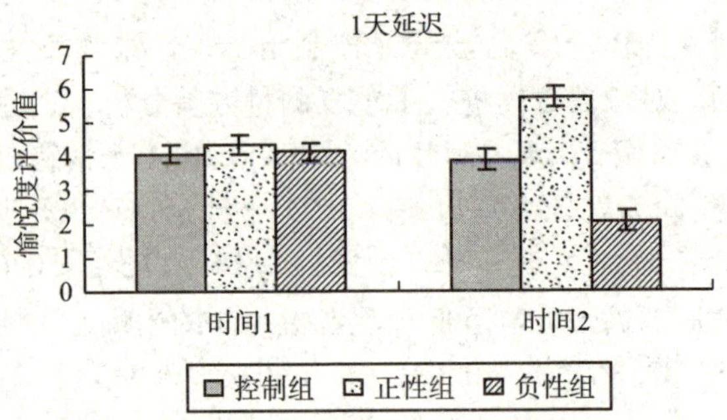

图 4-13　时间 1（观看短片前）和时间 2（观看短片后）被试的愉悦度的评价值（平均值±标准误）（1 天延迟条件）

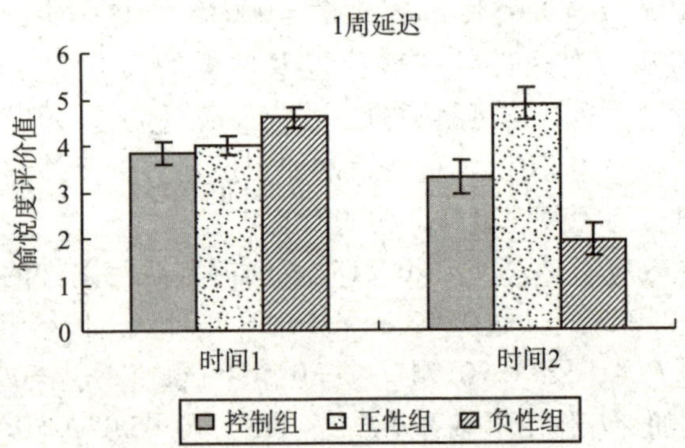

图 4-14　时间 1（观看短片前）和时间 2（观看短片后）被试的愉悦度的评价值（平均值±标准误）（1 周延迟条件）

4.2.4.2　情绪诱发的有效性（基于激活度数据）

重复测量方差分析表明，时间的主效应显著 [$F(1, 123)=13.349$, $p=0.001$, partial $\eta^2=0.083$]，观看短片后的激活度显著高于观看短片前的激活度。情绪组别的主效应显著 [$F(2, 123)=3.488$, $p=0.034$, partial $\eta^2=0.054$]，正性组的激活度显著高于控制组（$p=0.012$），负性组的激活度与控制组无显著差异（$p=0.534$），正性组的激活度边缘显著高于负性组（$p=0.058$）。时间和情绪组别的交互作用显著 [$F(2, 123)=3.736$, $p=0.027$, partial $\eta^2=0.057$]。进一步分析表明，在观看短片前，情绪组别的主效应不显著 [$F(2, 123)=0.546$, $p=0.581$, partial $\eta^2=0.009$]，延迟条件的主效应显著 [$F(2, 123)=4.128$, $p=0.018$, partial $\eta^2=0.063$]，情绪组别和延迟条件的交互作用不显著 [$F(4, 123)=1.232$, $p=0.301$, partial $\eta^2=0.039$]。观看短片后，情绪的组别的主效应显著 [$F(2, 134)=3.438$, $p=0.035$, partial $\eta^2=0.049$]，正性组的激活度显著高于控制组（$p=0.021$），负性组的愉悦度与控制组无显著差异（$p=0.903$），正性组的激活度显著高于负性组（$p=0.029$）。

延迟条件的主效应不显著 [$F(2, 123)=2.009$, $p=0.139$, partial $\eta^2=0.032$]，延迟条件和情绪组别的交互作用也不显著 [$F(4, 123)=1.262$, $p=0.289$, partial $\eta^2=0.039$]，时间和延迟条件的交互作用不显著 [$F(2, 123)=1.707$, $p=0.186$, partial $\eta^2=0.027$]，时间、延迟条件和情绪组别的交互作用边缘显著 [$F(4, 123)=2.344$, $p=0.058$, partial $\eta^2=0.071$]。上述结果表明，正性短片能够有效地增强激活度，但负性短片并未有效增强激活度，见图 4－15～图 4－17。

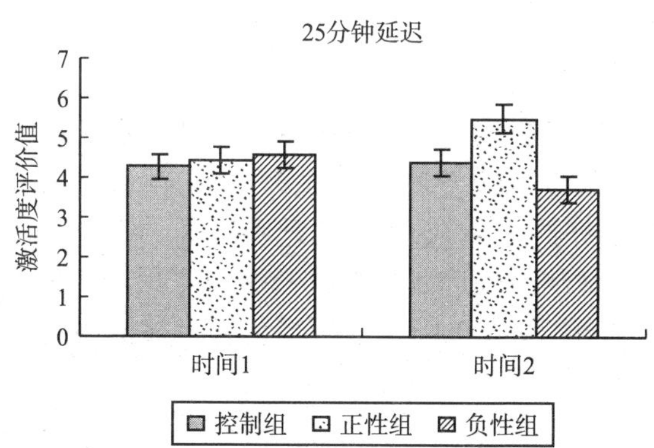

图 4－15　时间 1（观看短片前）和时间 2（观看短片后）三组被试的激活度的评价值（平均值 ± 标准误）（25 分钟延迟条件）

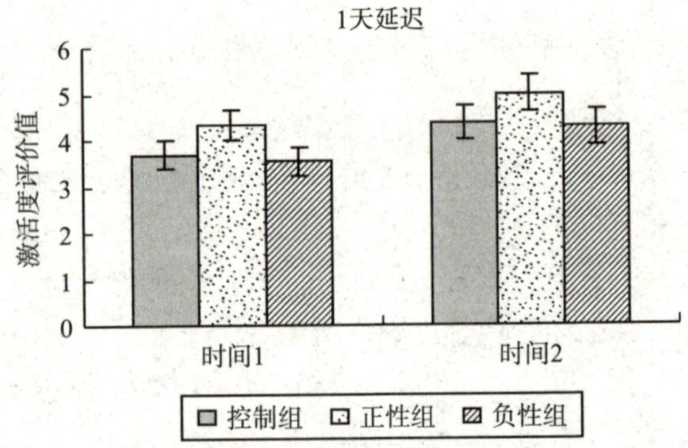

图 4-16　时间 1（观看短片前）和时间 2（观看短片后）三组被试的激活度的评价值（平均值 ± 标准误）（1 天延迟条件）

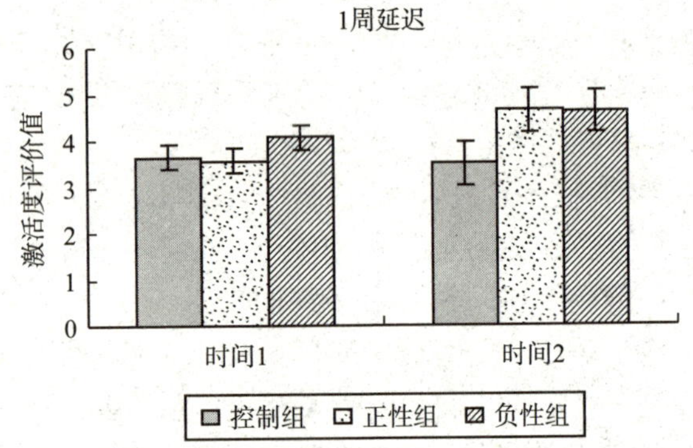

图 4-17　时间 1（观看短片前）和时间 2（观看短片后）三组被试的激活度的评价值（平均值 ± 标准误）（1 周延迟条件）

4.2.4.3　情绪对项目记忆巩固影响的时间进程

表 4-3 给出了各组被试的前测和后测成绩。方差分析表明，在即时项目记忆成绩上，情绪组别的主效应不显著［$F(2, 134) = 0.590$，$p = 0.556$，partial $\eta^2 = 0.009$］，延迟条件的主效应也不显著［$F(2, 134) = 0.684$，$p = 0.506$，partial $\eta^2 = 0.010$］，情绪组别和延迟条件的交互作用也不显著［$F(4, 134) = 1.275$，$p = 0.283$，partial $\eta^2 = 0.037$］。因此，各组被试的初始项目记忆成绩具有可比性。

表 4－3　　项目记忆成绩（平均值 ± 标准误）

情绪组别	25 分钟延迟			1 天延迟			1 周延迟		
	前测	后测	记忆下降值	前测	后测	记忆下降值	前测	后测	记忆下降值
控制组	0.63 ±0.05	0.41 ±0.05	0.22 ±0.05	0.65 ±0.05	0.41 ±0.05	0.24 ±0.05	0.69 ±0.05	0.22 ±05	0.47 ±0.05
正性组	0.59 ±0.05	0.53 ±0.05	0.06 ±0.05	0.68 ±0.05	0.33 ±0.05	0.36 ±0.05	0.58 ±0.05	0.23 ±0.05	0.35 ±0.05
负性组	0.64 ±0.05	0.39 ±0.05	0.25 ±0.05	0.60 ±0.05	0.29 ±0.05	0.31 ±0.05	0.72 ±0.05	0.24 ±0.05	0.48 ±0.05

以即时项目记忆减去延迟项目记忆所得到的记忆下降值作为反映记忆巩固的因变量，情绪组别的主效应不显著［$F(2, 134) = 2.439$，$p = 0.091$，partial $\eta^2 = 0.035$］。但事前分析表明，正性组和负性组的记忆下降值与控制组无显著差异（$p = 0.173$ 和 $p = 0.383$），而正性组的记忆下降值显著低于负性组（$p = 0.027$）。延迟条件的主效应显著［$F(2, 134) = 18.068$，$p < 0.001$，partial $\eta^2 = 0.212$］。多重比较表明，25 分钟延迟条件下的记忆下降值显著低于 1 天延迟条件下的记忆下降值（$p = 0.003$），24 小时延迟条件下的记忆下降值显著低于 1 周延迟条件下的记忆下降值（$p = 0.002$）。情绪组别和延迟条件的交互作用边缘显著［$F(4, 134) = 2.391$，$p = 0.054$，partial $\eta^2 = 0.067$］，见图 4－18。进一步分析表明，在 25 分钟延迟条件下，情绪组别的主效应显著［$F(2, 45) = 3.254$，$p = 0.048$，partial $\eta^2 = 0.126$］。事前比较表明，正性组的记忆下降值边缘显著低于控制组（$p = 0.054$），负性组的记忆下降值与控制组无显著差异（$p = 0.698$），正性组的记忆下降值显著低于负性组（$p = 0.022$）。在 1 天延迟条件下，情绪组别的主效应不显著［$F(2, 45) = 1.467$，$p = 0.242$，partial $\eta^2 = 0.061$］。不过，事前比较表明，正性组的记忆下降值边缘显著高于控制组（$p = 0.097$），而负性组的记忆下降值则与控制组无显著差异（$p = 0.289$）。此外，正性组和负性组的记忆下降值无显著差异（$p = 0.539$）。在 1 周延迟条件下，情绪组别的主效应不显著［$F(2, 44) = 2.169$，$p = 0.126$，partial $\eta^2 = 0.090$］。事前比较表明，正性组的记忆下降值边缘显著低于控制组的记忆下降值（$p = 0.083$），但负性组的记忆下降值则与控制组无显著差异（$p = 0.935$），此外，正性组的记忆下降值边缘显著低于负性组（$p = 0.071$）。

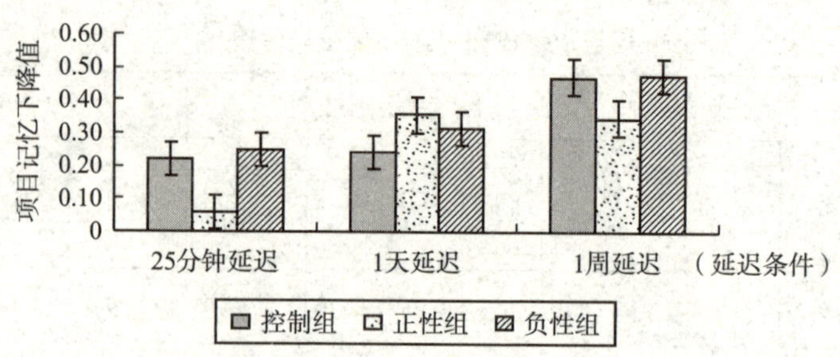

图4-18　情绪与延迟条件的交互作用（以项目记忆下降值为因变量）

此外，还分析了在各种情绪条件下，项目记忆的下降值的变化情况。对控制组而言，延迟条件的主效应显著［$F(2, 45) = 6.893$，$p = 0.002$，partial $\eta^2 = 0.235$］，25 分钟延迟条件下的项目记忆下降值和 1 天延迟条件下的项目记忆下降值无显著差异（$p = 0.794$），25 分钟延迟条件下的项目记忆下降值显著低于 1 周延迟条件下的项目记忆下降值（$p = 0.002$），1 天延迟条件下的项目记忆下降值显著低于 1 周延迟条件下的项目记忆下降值（$p = 0.004$）。对正性组而言，延迟条件的主效应显著［$F(2, 44) = 11.011$，$p < 0.001$，partial $\eta^2 = 0.334$］，25 分钟延迟条件下的项目记忆下降值显著低于 1 天延迟条件下的项目记忆下降值（$p < 0.001$），且显著低于 1 周延迟条件下的项目记忆下降值（$p < 0.001$），1 天延迟条件下的项目记忆下降值与 1 周延迟条件下的项目记忆下降值无显著差异（$p = 0.894$）。对负性组而言，延迟条件的主效应也显著［$F(2, 45) = 5.257$，$p = 0.009$，partial $\eta^2 = 0.189$］，25 分钟延迟条件下的项目记忆下降值与 1 天延迟条件下的项目记忆下降值之间无显著差异（$p = 0.393$），但 25 分钟延迟条件下的项目记忆下降值显著低于 1 周延迟条件下的项目记忆下降值（$p = 0.003$）。1 天延迟条件下的项目记忆下降值显著低于 1 周延迟条件下的项目记忆下降值（$p = 0.028$）。

以“记得”反应的正确率的下降值为因变量进行分析，结果表明，情绪组别的主效应不显著［$F(2, 134) = 0.576$，$p = 0.563$，partial $\eta^2 = 0.009$］，延迟条件的主效应显著［$F(2, 134) = 28.163$，$p < 0.001$，partial $\eta^2 = 0.297$］，25 分钟延迟条件下正确率下降值显著低于 1 天延迟条件下的正确率下降值（$p < 0.001$），24 小时延迟条件下的正确率下降值显著低于 1 周延迟条件下的正确率下降值（$p < 0.001$）。情绪组别和延迟条件的交互作用不显著［$F(4, 134) = 0.762$，$p = 0.552$，partial $\eta^2 = 0.022$］。以“知道”反应的正确率的下降值为因变量进行分析，结果表明，情绪组别的主效应不显著［$F(2, 134) = 2.117$，$p = 0.124$，partial $\eta^2 = 0.031$］，延迟条件的主效应不显著［$F(2, 134) = 0.448$，$p = 0.640$，partial $\eta^2 = 0.007$］，情绪组别和延迟条件的交互作用也不显著［$F(4, 134) =$

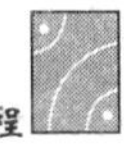

1.391，$p=0.240$，partial $\eta^2=0.040$]。

4.2.4.4　情绪对来源记忆巩固影响的时间进程

来源记忆的描述性统计数据见表 4－4。以即时测试中的来源记忆作为因变量进行方差分析表明，情绪组别的主效应不显著［$F(2, 134)=0.964$，$p=0.384$，partial $\eta^2=0.014$］，延迟条件的主效应也不显著［$F(2, 134)=1.247$，$p=0.291$，partial $\eta^2=0.018$］，情绪组别和延迟条件的交互作用也不显著［$F(4, 134)=1.374$，$p=0.246$，partial $\eta^2=0.039$］。上述结果表明，各组被试的初始来源记忆成绩具有可比性。

表 4－4　来源记忆成绩（平均值 ± 标准误）

情绪组别	25 分钟延迟			1 天延迟			1 周延迟		
	前测	后测	记忆下降值	前测	后测	记忆下降值	前测	后测	记忆下降值
控制组	0.71 ±0.04	0.67 ±0.04	0.04 ±0.04	0.71 ±0.04	0.58 ±0.04	0.13 ±0.04	0.69 ±0.04	0.53 ±0.04	0.16 ±0.04
正性组	0.73 ±0.04	0.69 ±0.04	0.04 ±0.04	0.75 ±0.04	0.60 ±0.04	0.15 ±0.04	0.75 ±0.04	0.54 ±0.04	0.21 ±0.04
负性组	0.68 ±0.04	0.71 ±0.04	−0.03 ±0.04	0.71 ±0.04	0.66 ±0.04	0.05 ±0.04	0.83 ±0.04	0.54 ±0.04	0.29 ±0.04

以即时来源记忆减去延迟来源记忆所得到的记忆下降值作为反映来源记忆巩固的因变量进行方差分析表明，组别的主效应不显著［$F(2, 134)=0.550$，$p=0.578$，partial $\eta^2-0.008$］，延迟条件的主效应显著［$F(2, 134)=20.086$，$p<0.001$，partial $\eta^2=0.231$］，25 分钟延迟条件下来源记忆下降值显著小于 1 天延迟条件下来源记忆下降值（$p=0.003$），1 天延迟条件下来源记忆下降值显著小于 1 周延迟条件下来源记忆下降值（$p=0.001$）。延迟条件和情绪组别的交互作用显著［$F(4, 134)=2.514$，$p=0.045$，partial $\eta^2=0.070$］，见图 4－19。进一步分析表明，在 25 分钟延迟条件下，控制组、正性组和负性组的来源记忆下降值不存在显著差异；在 1 天延迟条件下，正性组和负性组的来源记忆下降值均与控制组无显著差异（$ps>0.050$），但正性组的来源记忆下降值边缘显著高于负性组的来源记忆下降值（$p=0.076$）。在 1 周延迟条件下，正性组和控制组的来源记忆下降值之间无显著差异（$p=0.422$），正性组和负性组的来源记忆下降之间也无显著差异（$p=0.263$），但负性组的来源记忆下降值边缘显著大于控制组（$p=0.054$）。此外，还分析了在各种情绪条件下，来源记忆的下降值的变化情况。结果表明，对控制组而言，延迟条件的主效应显著［$F(2, 45)=3.422$，

$p=0.041$，partial $\eta^2=0.132$]，25 分钟延迟条件下来源记忆下降值边缘显著低于 1 天延迟条件下的来源记忆下降值（$p=0.057$），且显著低于 1 周延迟条件下来源记忆下降值（$p=0.017$），1 天延迟条件下来源记忆下降值与 1 周延迟条件下来源记忆下降值无显著差异（$p=0.603$）。对正性组而言，延迟条件的主效应显著 [$F(2, 44)=3.932$，$p=0.027$，partial $\eta^2=0.152$]，25 分钟延迟条件下来源记忆下降值边缘显著低于 1 天延迟条件下的来源记忆下降值（$p=0.079$），且显著低于 1 周延迟条件下的来源记忆下降值（$p=0.008$），1 天延迟条件下来源记忆下降值与 1 周延迟条件下的来源记忆下降值无显著差异（$p=0.329$）。对负性组而言，延迟条件的主效应也显著 [$F(2, 45)=18.074$，$p<0.001$，partial $\eta^2=0.445$]，25 分钟延迟条件下的来源记忆下降值与 1 天延迟条件下的来源记忆下降值之间无显著差异（$p=0.159$），但显著低于 1 周延迟条件下的来源记忆下降值（$p<0.001$）。与控制组和正性组不同的是，对负性组而言，1 天延迟条件下来源记忆下降值显著低于 1 周延迟条件下来源记忆下降值（$p<0.001$）。

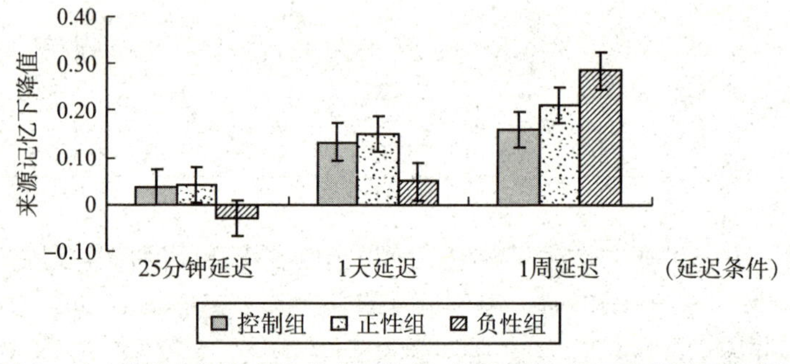

图 4－19　情绪与延迟条件的交互作用（以来源记忆下降值为因变量）

4.2.5　讨论

本实验的主要发现是：（1）在 25 分钟和 1 周两种延迟条件下，正性情绪呈现出促进项目记忆巩固的趋势，但在 1 天延迟条件下，正性情绪呈现出损害项目记忆巩固的趋势。在上述三种延迟条件下，负性情绪对项目记忆巩固均没有影响。（2）在三种延迟条件下，正性情绪对来源记忆巩固不存在影响；在 25 分钟和 1 天两种延迟条件下，负性情绪对来源记忆巩固不存在影响，但在一周延迟条件下，负性情绪呈现出损害来源记忆的趋势。（3）无论在哪种延迟条件下，正性和负性情绪对“记得”和“知道”反应的正确率均没有影响。

4.2.5.1　巩固阶段诱发情绪对项目记忆影响的时间进程

本实验发现，在 25 分钟和 1 周两种延迟条件下，正性情绪呈现出促进项目记忆巩固的趋势，这与前人发现一致（Nielson and Powless，2007）。正性情绪能够促进项目记忆的巩固，很可能是由于情绪唤醒条件下杏仁核对海马体中记忆储存的调节作用（McGaugh，2002）。然而，负性情绪并没有对项目记忆巩固产生影响。鉴于有一些研究表明，激活度在情绪对记忆的影响中起着关键作用（Mather and Nesmith，2008），负性短片没有促进项目记忆的巩固可能是由于负性短片未能有效地增强激活度。

在 1 天延迟条件下，正性组的项目记忆下降值边缘显著低于控制组的项目记忆下降值，这说明，正性情绪对项目记忆巩固的影响并不是线性的。在 25 分钟和 1 天之间可能存在某个临界时间点，在该时间点之前，正性情绪能够促进项目记忆巩固，而在该时间点之后，正性情绪不再促进项目记忆巩固甚至会阻碍其巩固。

4.2.5.2　巩固阶段诱发情绪对来源记忆影响的时间进程

迄今为止，很少研究考察学习后诱发的情绪对来源记忆的影响。项目记忆和来源记忆是情景记忆的两个可以分离的成分，二者存在不同的神经机制（Slotnick et al.，2003）。因此，情绪对项目记忆巩固和来源记忆巩固可能存在不同的影响规律，这也是本实验的发现。尽管在 25 分钟和 1 天两种延迟条件下，正性情绪能够促进项目记忆巩固，但在上述两种延迟条件下，无论是正性情绪还是负性情绪对来源记忆巩固均不存在影响。上述实验结果也与我们之前的实验结果部分一致。

不过，尽管我们没有发现情绪对来源记忆巩固的促进效应，但情绪对来源记忆的巩固还是存在一定影响的，而且这种影响具有时间依赖性。在 25 分钟延迟条件下，正性组的来源记忆下降值与负性组的来源记忆下降值不存在显著差异，但是在 1 天延迟条件下，正性组的来源记忆的下降值表现出大于负性组的来源记忆的趋势，而在 1 周延迟条件下，正性组的来源记忆的下降值与负性组的来源记忆的下降值不存在显著差异。在本实验中，正性组和负性组不仅在愉悦度上存在差异，在激活度上也存在差异，因此，难以推断究竟是愉悦度还是激活度的变化导致了上述结果。

值得一提的是，在 25 分钟和 1 天两种延迟条件下，负性情绪对来源记忆的巩固均不存在影响，但在 1 周延迟条件下，负性组的来源记忆下降值边缘显著大于控制组。这表明，尽管在较短的延迟条件下，负性情绪（仅仅是愉悦度的降低）不会对来源记忆的巩固产生影响，但是随着时间的推移，负性情绪反而可能会损害来源记忆巩固。

第5章

综合讨论及结论

5.1 编码阶段诱发情绪对项目记忆和来源记忆的影响

本书通过5个实验考察了在编码阶段诱发情绪对中文词语的项目记忆和来源记忆的影响。主要发现是：(1) 正性和负性情绪均能增强自由回忆；(2) 正性和负性情绪对再认记忆（包括“记得”和“知道”反应的正确率）不存在稳定的影响（仅仅在实验3中发现对再认记忆及“记得”反应的正确率的增强效应）；(3) 在某些条件（来源数目较多）下，正性情绪能增强来源记忆，但负性情绪对来源记忆没有影响；此外，正性情绪下的来源记忆高于负性情绪下的来源记忆。

与前人研究一致（e. g. , Davidson et al. , 2006；Doerkson and Shimamura, 2001)，上述几个实验均表明，情绪能够增强自由回忆。然而，我们并没有发现情绪对再认记忆具有稳定的影响，这与其他学者（Doerkson and Shimamura, 2001）的研究一致。因此，情绪对项目记忆的影响取决于具体的记忆任务。自由回忆包含两个子过程，即搜索过程和再认过程（Anderson and Bower, 1972；Kintsch, 1970)。进行自由回忆时，首先需要在长时记忆中对信息进行搜索，一旦找到相应的信息便需要对其是否在学习阶段出现过进行确认。如果认为该信息没有出现过则需要继续在长时记忆中进行搜索，直到找到下一条相关信息并进行类似确认。但是，在再认记忆测试中，由于所有的相关信息都已呈现，因此不需要在长时记忆中进行搜索。考虑到上述自由回忆和再认记忆的差别，情绪之所以能够增强自由回忆是因为情绪能够促进或易化搜索过程。在编码过程中，由于情绪词语之间的语义相关性要高于中性词语，因此情绪词语更容易被归类或捆绑。这样一来，在自由回忆过程中，搜索到某个情绪词语有助于搜索到与其相关的其他情绪词语，从而提高自由回忆成绩。

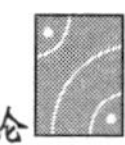

值得一提的是，自由回忆和再认记忆的计算方法存在一定的差异。自由回忆的指标一般采用正确回忆的项目占所学的总项目的百分比，因此，即使被试报告出在学习阶段没有出现的项目也不会影响其成绩（只要其正确地报告出在学习阶段出现的项目）。然而，在再认记忆测试中，再认记忆的指标一般采用击中率减去虚报率所得的差值，因此，如果被试将学习阶段没有出现的项目报告为出现过，其再认记忆成绩就会受到负面影响。

情绪对再认记忆并没有稳定的影响，这与前人的研究发现一致（Johansson et al.，2004；Maratos et al.，2000；Windmann and Kutas，2001）。在再认记忆测试中，被试需要对旧项目和新项目进行区分。尽管被试在情绪词语上的击中率高于中性词语，但在情绪词语上的虚报率也高于中性词语，这就使得情绪词语和中性词语在再认记忆上没有显著差异。不过，实验 3 表明，情绪能够增强再认记忆以及“记得”反应的成绩。考虑到实验 3 与其他实验的区别，可以推测，只有在被试进行无意学习（incidental learning）并且学习和测试有一定的时间间隔的条件下，情绪才会增强再认记忆，当然这需要进一步实验的验证。

尽管一些研究考察了情绪对来源记忆的影响，但有的研究仅仅采用了负性刺激材料（Kensinger and Corkin，2003）。有的研究采用了正性和负性刺激材料，但并没有分别分析正性和负性情绪的效应（D’Argembeau and Van der Linden，2004）。本书表明，在特定条件下正性情绪增强了来源记忆，但负性情绪却对来源记忆没有影响。因此，在以后的研究中，有必要分别分析正性和负性情绪的效应。

根据记忆（Easterbrook，1959）假说，情绪将增强项目记忆而减弱来源记忆。研究 1 发现，情绪能够增强自由回忆但并没有减弱来源记忆，此结果部分支持伊斯特布鲁克假说。我们的研究表明，仅仅正性情绪增强了来源记忆，此结果部分支持 Tick rate 假说。因此，无论是伊斯特布鲁克假说还是 Tick rate 假说均不足以解释本研究的结果。鉴于此，可以推测，情绪对来源记忆的影响具有效价依赖性，即在特定的实验条件下仅仅正性情绪能够增强来源记忆，但负性情绪对来源记忆不存在影响。不过，本研究采用的刺激材料是中文词语，其结论是否能够推广到其他刺激材料有待进一步考察。

在实验 4 中正性情绪能够增强来源记忆，一个可能的解释是正性词语之间的语义联系高于中性词语之间的语义联系。然而，在语义联系上负性词语也高于中性词语，但负性词语的来源记忆和中性词语的来源记忆没有显著差异。因此，语义联系并不足以解释正性情绪对来源记忆的增强效应。

根据伊斯特布鲁克假说可以预测，负性情绪将缩小注意范围，从而降低来源记忆，然而，上述几个实验均没有发现这一点。究其原因，可能有两点：一是在实验中被试被要求尽力记住来源信息，这种主观努力可能掩盖负性情绪的效应；二是在实验中来源信息（词语的字体颜色）与项目信息在空间和时间上是整合在一起的，即使负性情绪缩小了注意范围，被试也很容易同时将注意资源均衡地分配给项目信息和来源信息，从而观察不到负性情绪减弱来源记忆的现象。值得一提的是，在上述实验中，再认记忆和来源记忆的测试被整合到一个实验任务中，被试只能在正确地将某个词语判断为在学习阶段出现过之后才有机会判断该词语的来源信息，因此，来源记忆可能会受到击中率的牵制。

情绪对自由回忆具有稳定的增强效应但对再认记忆却不存在稳定的影响，这表明，情绪对项目记忆的影响与记忆的任务类型有着密切关系。然后，研究 1 表明，正性情绪能够增强来源记忆而负性情绪却对来源记忆不存在影响。而且正性词语的来源记忆显著高于负性词语。上述结果表明，情绪对来源记忆的影响依赖于效价，在建构情绪对来源记忆的影响的理论模型时有必要考虑到效价这个重要因素。

5.2 巩固阶段诱发情绪对项目记忆和来源记忆的影响

本书表明，对女性被试而言，观看 3 分钟负性短片仅仅促进了其项目记忆的巩固，但对其来源记忆的巩固没有影响。上述结果支持项目记忆和来源记忆是情景记忆的两个可以分离的成分（Slotnick et al.，2003）。对男性被试而言，无论是正性还是负性情绪均对其项目记忆和来源记忆不存在影响。究其原因，可能是巩固阶段诱发情绪对男性被试的项目记忆的影响具有任务特异性。本书研究仅仅采用了再认记忆作为项目记忆的指标，如果采用自由回忆作为项目记忆的指标，情绪的促进作用可能就会体现出来。实际上，有一项研究表明，学习之后的情绪唤醒仅仅对自由回忆具有促进作用，但是对再认记忆却没有影响（Liu et al.，2008）。此外，根据来源监控理论，来源记忆有三种类型，分别是基于内源监控、外源监控和现实监控（Johnson et al.，1993），而本书研究仅仅考察了基于外源监控的来源记忆，学习之后诱发情绪也许能够促进男性被试其他两种来源记忆的巩固。

效价和激活度是情绪的两个维度（Russell，1980）。目前，究竟是哪一个维度在起作用尚存在争议。有研究者认为，激活度在情绪对记忆的影响中起着关键作用（Mather，2007），而有的研究者则认为效价是关键因素（Kensinger，2009b）。在本书研究中，尽管正性组被试报告的激活度显著高于负性组被试，正性组被试的项目记忆和来源记忆却并没有表现出任何优势。因此，仅仅考虑激活

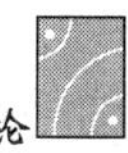

度并不能解释情绪对情景记忆巩固的影响，效价也起着一定的作用。

与此同时，前人的几项研究均表明正性情绪能促进项目记忆的巩固（Liu et al.，2008；Nielson and Powless，2007），我们没有观察到正性情绪的促进效应也可能与我们所采用的具体实验设置及流程有关。例如，在本书研究中，被试不仅需要记忆词语本身还需要记忆词语字体的颜色，而在前人的研究里被试只需要记忆词语本身。此外，在本书研究中，记忆测试是在学习结束25分钟后进行的，而在前人的研究中，记忆测试和学习之间的间隔为一周。

本书研究并没有发现唤醒倾向以及情绪再评价在项目记忆或来源记忆巩固中的调节作用，这与尼尔森和洛伯（Nielson and Lorber，2009）的研究结果不一致。此外，上述研究没有发现情绪抑制的调节作用，但书本书研究却发现，对于情绪抑制水平较低的被试，负性组被试的项目记忆巩固显著高于正性组被试。上述不一致很可能是由于本书研究和他们的研究在如下方面存在差异。在他们的研究里，负性短片是有关口腔手术的，因此诱发的负性情绪是厌恶和（或）恐惧，而在本书研究里，负性短片是关于汶川地震的讲述，根据被试的报告此负性短片诱发的是悲伤。因此唤醒倾向、情绪再评价以及情绪抑制的调节作用可能依赖于具体的负性情绪的类别。

本书研究的结论与前人的研究结论存在差异，还可能存在如下原因。首先，在前人的研究里，被试只需要记住词语或图片本身（Liu et al.，2008；Nielson et al.，2005；Nielson and Lorber，2009；Nielson and Powless，2007），而在本书研究里，被试需要同时记住词语本身及其相应的字体颜色，这种双任务可能会增加被试个体间的差异，因为某些被试能够采用特定的技巧（如联想起自己的生活经历）将词语及其相应的颜色整合起来，而有些被试则可能仅仅依赖机械复述将词语及其相应的字体颜色整合起来。其次，被试在执行这种双任务时，分配到词语本身的注意资源可能会少于执行单任务的情形。最后，本书研究中将颜色作为来源信息，而颜色本身可能承载着一定的情绪信息（Boyatzis and Varghese，1993），这可能使某些中性词语也“染”上情绪色彩。

本书研究具有如下几个方面的意义：第一，学习后诱发情绪在对项目记忆巩固的影响上存在性别差异，这一方面间接支持了前人的有关在情景记忆上存在性别差异的研究结论（Cahill et al.，2001；Canli et al.，2002；Gasbarri et al.，2007），另一方面也说明在考察情绪对情景记忆的影响时有必要考虑性别差异。第二，前人研究只是考察了在学习后诱发情绪对项目记忆（再认记忆和自由回忆）的影响，但迄今为止尚无研究将来源记忆作为考察对象。本书研究表明，情绪对情景记忆的影响取决于情景记忆的具体成分，这对构建情绪对情景记忆影响的理论模型具有重要的指导意义。第三，目前，在学习后诱发情绪对情景记忆的影响是否受到学习材料效价的调节这个问题上还存在一些争议（Nielson、Yee and Erickson，2005；Okuda、Roozendaal and McGaugh，2004）。本书研究结论支持如下观点：学习后诱发的情绪对情景记忆的影响并不需要学习材料具有正性或负性效价。

5.3 编码阶段情绪对项目记忆和来源记忆影响的时间进程

尽管已有诸多研究考察了情绪对项目记忆和来源记忆的影响，但之前的研究仅仅采用了某个特定的学习—测试时间间隔（例如，5 分钟或 15 分钟），这种实验设计难以全面考察情绪对项目记忆和来源记忆的影响规律。本研究（实验 7）考察了编码阶段诱发情绪对项目记忆和来源记忆影响的时间进程，发现在两周的时间范围内，无论在哪种延迟测试条件下，负性情绪均能增强自由回忆，而正性情绪仅有增强自由回忆的趋势。上述结果说明，情绪对自由回忆的增强效应是非常稳定的。上述结果进一步支持了本研究实验 1 ~ 实验 5 的结论。

此外，本书研究预期在一定的时间范围内，随着时间的推移，情绪对自由回忆的增强效应将逐渐增大。实验数据支持上述假设。在 19 分、63 分、4.9 小时和 8.75 小时四种延迟条件下，负性情绪所引起的记忆增加效应分别为 0.142、0.178、0.247、0.5，因此在上述时间范围内记忆增强效应是逐渐增大的，在 8.75 小时延迟条件下达到极大值。在 19 分、63 分、4.9 小时、8.75 小时和 6 天五种延迟条件下，正性情绪所引起的记忆增加效应分别为 0.005、0.01、0.04、0.036、0.071、0.225，因此从总体趋势来看，随着时间的推移，正性情绪所引起的记忆增加效应也是逐渐增大的，在 6 天延迟条件下达到极大值。上述结果表明，正性和负性情绪对自由回忆的影响具有不同的时间进程，负性情绪所引起的记忆增加效应达到最大值的时间点要早于正性情绪所引起的记忆增加效应达到最大值的时间点。

无论在哪种延迟条件下，负性情绪都降低了再认记忆，而正性情绪对再认记忆不存在影响。上述结果表明情绪对再认记忆的影响依赖于学习材料的效价。此外，本研究还发现，在特定实验条件下，正性情绪下的再认记忆高于负性情绪下的再认记忆，这也进一步表明情绪对再认记忆的影响依赖于效价。

本书研究还采用“记得”和“知道”范式考察了情绪对再认记忆的两个成分的影响的时间进程。结果表明，尽管在大多数延迟条件下，正性和负性情绪增强了被试的“记得”感，但无论在哪种延迟条件下正性和负性情绪对

“记得”反应的正确率均不存在影响。值得一提的是，正性和负性情绪对“记得”感的影响具有不同的时间进程。例如，在63分延迟条件下，正性和负性情绪均对“记得”感不存在影响，在8.75小时延迟条件下，正性情绪仍然对“记得”感不存在影响，但负性情绪却显著地增强了“记得”感。无论在哪种延迟条件下，正性和负性情绪均增强了被试的“知道”感（熟悉感），但负性情绪降低了“知道”反应的正确率，而正性情绪对“知道”反应的正确率没有影响。上述结果对鉴别目击者证词的正确率具有一定的指导意义。目击者可能对现场有强烈的“记得”或“知道”的感觉，但这并不一定表明其记忆的正确率很高。

目前，在情绪是否影响来源记忆上尚存在诸多分歧。有的研究表明情绪能增强来源记忆（Doerkson and Shimamura，2001；Kensinger and Corkin，2003），有的研究表明情绪会降低来源记忆（Cook et al.，2007；Maddock and Frein，2008），而有的研究则表明，情绪对来源记忆不存在影响（Sharot and Yonelinas，2008）。尽管本书研究中的某些实验表明，正性情绪下的来源记忆高于负性情绪下的来源记忆，但仅仅实验4表明，正性情绪能够增强来源记忆（相较于中性情绪）。因此，情绪对来源记忆的影响即使存在，也是很微弱且不稳定的。本书研究的实验7表明，无论在哪种延迟条件下，情绪对来源记忆均不存在影响。不过，来源记忆可以通过多种任务加以考察，根据来源监控理论，本书研究考察的仅仅是基于外源监控的来源记忆。要全面回答情绪是否影响来源记忆，有必要采用基于其他来源监控的任务。此外，被试的学习方式也可能会起到一定的调节作用。有证据表明，仅仅在无意学习（incidental learning）的条件下，即不要求被试记忆来源信息的条件下，情绪对来源记忆的增强效应才会得以显现（D'Argembeau and Van der Linden，2004）。因此，本书研究未能发现情绪对来源记忆的影响，可能是由于采用了有意学习（intentional learning）的方式。

本书研究发现，无论是对中性词语、正性词语还是负性词语，其项目记忆（自由回忆和再认记忆）在63分延迟条件下未出现显著下降，但在4.9小时延迟条件下就出现了显著下降，这表明在63分和4.9小时之间存在某个记忆显著下降的临界时间点。但是，三类词语的来源记忆在8.75小时延迟条件下未出现显著下降，而在1天延迟条件下才开始出现显著下降，因此，与项目记忆不同，来源记忆出现显著下降的临界时间点更靠后，这一结果表明，在一定时间范围内，来源记忆痕迹比项目记忆痕迹更容易被保持。

5.4 巩固阶段诱发情绪对项目记忆和来源记忆影响的时间进程

迄今为止，有一些研究采用了在学习结束后诱发情绪的方式，探讨了巩固阶段诱发情绪对项目记忆的影响（Nielson and Bryant，2005；Nielson and Lorber，2009；Nielson and Meltzer，2009；Nielson and Powless，2007）。但是，之前的研究很少关注情绪对项目记忆影响的时间进程。此外，迄今为止，尚无研究考察巩固阶段诱发情绪对来源记忆影响的时间进程。本书研究发现，在 25 分和 1 周两种延迟条件下，正性情绪呈现出促进项目记忆巩固的趋势，然而，在 1 天延迟条件下，正性情绪却呈现出损害项目记忆巩固的趋势。上述结果提示，正性情绪对项目记忆巩固的影响并不是线性的。在 25 分和 1 天之间可能存在某个临界时间点，在该时间点之前，正性情绪能够促进项目记忆巩固，而在该时间点之后，正性情绪不再促进项目记忆巩固甚至会阻碍其巩固。在 1 天和 1 周之间也可能存在某个临界时间点，在该时间点之前，正性情绪会损害项目记忆巩固，而在该时间点之后，正性情绪会促进项目记忆巩固。

尽管在 25 分和 1 天两种较短延迟条件下，负性情绪对来源记忆不存在影响，但随着时间的推移，负性情绪呈现出损害来源记忆巩固的趋势。值得一提的是，无论在哪种延迟条件下，实验 8 均没有发现负性情绪对项目记忆或来源记忆巩固的促进效应，这与之前的实验 6 的结果不一致，究其原因可能是在实验 8 中负性短片只是有效地降低了被试的愉悦度但并未有效增强其激活度。不过，负性组的激活度与控制组的激活度没有显著差异，两组被试仅仅在愉悦度上存在差异，据此可以推测效价本身对来源记忆的时间进程是存在一定影响的。此外，在实验 6 中，被试在观看短片之后在实验室内保持安静和放松，而在实验 8 中被试在观看短片后则执行了一段时间的数学任务。这种差异也可能是导致实验结论不一致的原因。

本书研究发现，对于控制组和负性组而言，25 分延迟条件下项目记忆下降值与 1 天延迟条件下项目记忆下降值无显著差异，1 天延迟条件下项目记忆下降值显著低于 1 周延迟条件下项目记忆下降值，而对于正性组而言，25 分延迟条件下项目记忆下降值显著低于 1 天延迟条件下项目记忆下降值，但 1 天延迟条件下项目记忆下降值与 1 周延迟条件下项目记忆下降值无显著差异。上述结果表明，至少在一周的时间范围内，正性情绪加快了项目记忆巩固的时间进程。

对控制组和正性组而言，25 分延迟条件下来源记忆下降值与 1 天延迟条件

下来源记忆下降值无显著差异，1 天延迟条件下来源记忆下降值与 1 周延迟条件下来源记忆下降值无显著差异。对负性组而言，25 分延迟条件下来源记忆下降值与 1 天延迟条件下来源记忆下降值无显著差异，但 1 天延迟条件下来源记忆下降值显著低于 1 周延迟条件下来源记忆下降值。上述结果表明，至少在一周范围内，负性情绪延缓了来源记忆巩固的时间进程。

5.5　局限与研究展望

本书研究存在以下三方面的局限：第一，在探讨编码阶段诱发情绪对项目记忆和来源记忆影响的实验中，将中性词语、正性词语和负性词语在抽象度和词频上进行了匹配，但是还可能存在其他因素没有得到控制，而这些因素也可能对项目记忆和来源记忆产生重要影响。越来越多的研究者认识到，要想清楚揭示情绪对记忆的影响规律就有必要考虑诸多因素（Kensinger，2009）。实际上，一些研究者已经开始关注诸如刺激或信息的自我相关性（self-relevance）对记忆的影响（Gutchess、Kensinger、Yoon、Schacter，2007；Kelley et al.，2002）。有研究者认为，在考察情绪对记忆影响的实验中，有必要对一些非情绪因素（non-emotional factor）进行控制，这些因素包括刺激的语义相关性、视觉复杂度以及熟悉度（Mather and Sutherland，2009）。如果上述因素未能得到有效控制，它们可能会夸大或掩盖情绪对记忆的影响（Talmi and Moscovitch，2004）。

第二，在探讨巩固阶段诱发情绪对项目记忆和来源记忆影响的实验中，仅仅依赖被试的主观报告来评价短片在诱发情绪上的有效性（在 9 点量表上对自己的愉悦度和激活度进行评价），这可能是不充分的。可能存在这样一种情况：尽管某个被试的评价值为 8，但其实际愉悦或唤醒程度却低于另外一个评价值为 6 的被试。实际上，有一项研究发现，男性和女性被试接受同样的情绪刺激，尽管男性被试所报告的激活度低于女性被试，但脑成像证据表明男性被试的杏仁核激活程度更大（Canli and Gabrieli，2004）。因此，在评价被试的激活度时，除了参照被试的主观报告外，还有必要参照其他的更为客观的数据，例如心率、皮肤电以及脑电或脑成像数据。在前人的研究里，观看短片结束后，被试填写问卷以防止其对之前的学习材料进行复述，而在本书研究中，观看短片结束后，所有被试均被要求待在自己的座位上保持安静放松，直到延迟测试开始，这样就有可能导致被试在休息期间回想起之前看过的短片或对之前学过的词语进行复述，从而对延迟记忆成绩造成影响。

第三，在探讨巩固阶段诱发情绪对项目记忆和来源记忆影响的时间进程的实验中，尽管负性短片有效地降低了愉悦度，但并未有效地增加激活度，这可能是导致在25分和1天两种延迟条件下，负性情绪没有对项目记忆和来源记忆产生影响的主要原因。此外，该实验仅仅设置了三种时间延迟条件，因此并未全面揭示巩固阶段诱发情绪对项目记忆和来源记忆影响的时间进程。

尽管本书研究取得了一些新的发现，但还有下述问题有待考察。第一，本书研究的各个实验均一致表明，情绪（特别是负性情绪）能够增强自由回忆。情绪可以由效价和激活度所构成的二维空间来描述（Russell，1980）。在本书研究中，情绪词语和中性词语不仅在效价上存在差异，而且在激活度上也存在差异，因此难以分清究竟是效价还是激活度影响了自由回忆。在将来的研究中，需要进一步考察这个问题。

第二，有的研究表明，对高激活度材料的再认成绩显著低于对中等激活度材料的再认成绩，对中等激活度材料和低激活度材料的再认成绩无显著差异（Comblain et al.，2004）。然而，在类似条件下开展的另一项研究则表明，对中等激活度材料的再认成绩显著高于对高激活度和低激活度材料的再认成绩（Ochsner，2000），这种结果提示，并不是激活度越高再认成绩就越好，激活度和再认成绩之间很可能存在倒U形关系，即只有在适中的激活度条件下再认成绩才最好。尽管本书研究并未发现情绪对再认记忆和来源记忆的影响，但发现情绪能够增强自由回忆。那么激活度和自由回忆之间是否存在倒U形关系？这有待于将来的研究进一步证实。

第三，情绪对项目记忆和来源记忆巩固的影响受到哪些因素的调节？有研究发现，指导语具有调节作用（Emery and Hess，2008）；其他研究者发现学习—测试时间间隔具有调节作用（Sharot and Phelps，2004；Sharot and Yonelinas，2008）。那么，上述因素是否调节情绪对项目记忆和来源记忆巩固的影响？将来的研究有必要进一步探讨这个问题，以全面揭示情绪对项目记忆和来源记忆的影响规律。

第四，在大多数研究中，学习刺激和诱发情绪的刺激是一致的，这使得研究者很难对不同情绪条件下的学习刺激进行匹配。为了解决材料匹配这个问题，有必要采用相同的学习刺激，但采用不同种类的刺激（例如能够诱发不同情绪的音乐）来作为学习背景。目前有一些研究者已尝试采用这种设计（e.g.，Smith，2004），但要得出确切的结论，有必要采用这种设计进行更为深入的研究。

第五，依据来源监控理论，来源记忆可依赖于三种来源监控：（1）现实监控（reality monitoring），即对想象发生的事件和实际发生的事件做出区分；（2）外源监控（external monitoring），即对不同来源的外部信息做出区分；（3）内源监控（internal monitoring），即对不同的内部生成的信息做出区分。在本书研究中，

来源信息是词语的字体颜色，考察的仅仅是情绪对基于外源监控的来源记忆的影响。在未来的研究中有必要进一步深入系统地探讨情绪对基于现实监控和内源监控的来源记忆的影响。

第六，本书研究发现，无论是对中性词语、正性词语还是负性词语，来源记忆出现显著下降的临界时间点比项目记忆出现显著下降的临界时间点更靠后。在将来的研究中，有必要进一步考察上述临界时间点，从而全面揭示项目记忆和来源记忆的时间进程。

第七，本书研究初步表明，在巩固阶段诱发情绪对项目记忆的影响存在时间依赖性。例如，尽管在 25 分和 1 周两种延迟条件下正性情绪呈现促进项目记忆巩固的趋势，但是在 1 天延迟条件下却表现出效应的反转，即正性情绪呈现出损害项目记忆巩固的趋势。在将来的研究中，有必要进一步探讨上述反转效应是否稳健以及出现上述反转效应的认知和神经机制。

5.6　结　　论

本书研究的结论如下：

（1）编码阶段诱发情绪会促进自由回忆，但对再认记忆没有影响。编码阶段诱发情绪对来源记忆的影响与情绪效价和实验任务有关。具体而言，在刺激来源数目较多的情况下，正性情绪能够增强来源记忆。

（2）在特定条件下（诱发情绪后保持休息状态），巩固阶段诱发情绪能够促进女性的再认记忆，但不影响女性的来源记忆。巩固阶段诱发情绪对男性的项目记忆和来源记忆均不存在影响。

（3）在两周的时间范围内，编码阶段诱发情绪对项目记忆和来源记忆的影响模式不会随着时间的推移而改变。无论在哪种延迟条件下负性情绪均会增强自由回忆但会降低再认记忆，负性情绪对来源记忆没有影响。正性情绪有增强自由回忆的趋势，但是对再认记忆和来源记忆均没有影响。

（4）在一周的时间范围内，在较短和较长的延迟时间条件下，正性情绪呈现出促进项目记忆巩固的趋势，但在中等延迟时间条件下，正性情绪反而呈现出损害项目记忆巩固的趋势。在较短的延迟条件下，负性情绪对来源记忆不存在影响，但随着时间的推移，负性情绪呈现出损害来源记忆巩固的趋势。此外，正性情绪加快了项目记忆巩固的时间进程，而负性情绪则延缓了来源记忆巩固的时间进程。

附　　录

附录 1

附表 1　实验 1 ~ 实验 5 以及实验 7 所使用的中文词语

组别	类别	词语	愉悦度	激活度	抽象度	词频
1	中性	职员	5.00	4.90	4.07	0.0024
1	中性	议论	5.04	5.19	4.70	0.0045
1	中性	弹性	5.13	5.17	5.00	0.0011
1	中性	答复	4.96	5.07	4.07	0.0022
1	中性	证据	4.65	4.74	4.94	0.0041
1	中性	主体	5.06	4.90	5.35	0.0021
1	中性	产物	5.41	5.07	5.15	0.0035
1	中性	纺织	4.93	4.89	3.64	0.0058
1	中性	方针	5.04	4.57	4.57	0.0142
1	中性	电报	4.96	5.30	3.96	0.0031
1	中性	大纲	4.90	4.93	4.93	0.0024
1	中性	地势	4.78	4.65	4.43	0.0047
1	中性	时刻	5.00	5.04	4.43	0.0066
1	中性	经济	5.43	5.18	5.14	0.0752
1	中性	总数	5.20	4.97	4.43	0.0024
1	中性	早期	4.67	4.63	6.04	0.0028
1	中性	说法	5.13	5.03	5.26	0.0038
1	中性	作用	5.25	4.75	6.14	0.0337
1	中性	特征	5.44	4.89	5.63	0.0036
1	中性	外界	5.20	5.07	5.20	0.0031
1	负性	失败	2.61	5.29	5.39	0.0107

续表

组别	类别	词语	愉悦度	激活度	抽象度	词频
1	负性	流氓	2.63	6.22	3.63	0.0019
1	负性	灾害	1.70	6.48	3.30	0.0021
1	负性	悲惨	1.74	6.17	5.13	0.0013
1	负性	危险	2.71	6.50	4.68	0.0114
1	负性	死亡	1.83	6.78	2.74	0.0004
1	负性	专政	2.68	5.57	5.21	0.0131
1	负性	侵略	2.40	5.07	4.83	0.0019
1	负性	恶魔	2.04	7.39	5.48	0.0022
1	负性	猖狂	2.87	5.13	4.68	0.0028
1	负性	欺骗	2.11	5.07	4.37	0.0018
1	负性	事故	2.57	6.35	3.22	0.0030
1	负性	错误	2.86	5.07	4.82	0.0331
1	负性	卑鄙	2.13	4.83	4.38	0.0010
1	负性	愤怒	2.57	5.23	4.33	0.0063
1	负性	病毒	2.93	4.97	3.97	0.0035
1	负性	反动	2.83	5.23	5.13	0.0051
1	负性	委屈	2.22	6.13	4.91	0.0021
1	负性	恐惧	2.44	6.37	5.74	0.0012
1	负性	战争	2.93	5.57	3.96	0.0385
1	正性	国家	6.00	6.19	3.58	0.2493
1	正性	辽阔	6.87	6.16	5.26	0.0041
1	正性	态度	6.04	5.04	5.21	0.0165
1	正性	理性	6.00	5.81	6.70	0.0016
1	正性	航空	6.03	5.80	4.83	0.0024
1	正性	知识	6.79	5.93	5.54	0.0322
1	正性	成绩	6.25	6.21	3.14	0.0100
1	正性	建议	6.04	6.00	3.70	0.0052
1	正性	感情	6.46	6.32	5.21	0.0118
1	正性	纯洁	6.65	6.39	5.94	0.0041

续表

组别	类别	词语	愉悦度	激活度	抽象度	词频
1	正性	节约	6.07	5.67	5.20	0.0079
1	正性	农场	6.07	5.73	2.83	0.0028
1	正性	宴会	6.16	6.13	3.16	0.0035
1	正性	丰收	6.71	6.55	4.26	0.0021
1	正性	智能	6.74	6.48	5.59	0.0015
1	正性	文风	6.08	5.71	6.08	0.0008
1	正性	待遇	6.44	6.37	4.70	0.0018
1	正性	安全	6.47	6.33	4.20	0.0039
1	正性	价值	6.21	5.93	6.00	0.0119
1	正性	民族	6.06	5.58	4.48	0.1540
2	中性	地理	5.04	4.96	4.79	0.0027
2	中性	笔记	5.46	5.29	3.11	0.0030
2	中性	工业	5.14	4.61	4.43	0.0358
2	中性	新闻	5.07	5.04	3.36	0.0011
2	中性	实践	5.39	5.32	5.00	0.0881
2	中性	眼光	4.93	5.20	5.57	0.0021
2	中性	章程	4.63	4.67	4.04	0.0014
2	中性	参数	5.17	4.96	4.29	0.0008
2	中性	方程	4.67	4.85	5.04	0.0018
2	中性	资格	5.42	4.81	5.10	0.0022
2	中性	分界	4.67	4.78	5.44	0.0006
2	中性	本质	5.22	4.78	5.91	0.0050
2	中性	标准	5.13	4.87	4.52	0.0098
2	中性	功率	5.04	4.63	5.59	0.0021
2	中性	差异	4.79	5.04	5.63	0.0012
2	中性	指南	5.30	5.22	4.89	0.0004
2	中性	成本	4.74	5.33	5.15	0.0034
2	中性	程度	5.22	4.83	5.87	0.0087
2	中性	程序	4.85	4.74	5.70	0.0030

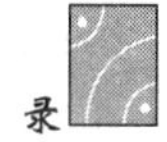

续表

组别	类别	词语	愉悦度	激活度	抽象度	词频
2	中性	次序	5.17	5	4.25	0.0011
2	负性	阴谋	2.25	5.43	5.61	0.0066
2	负性	悲哀	2.00	5.91	5.09	0.0031
2	负性	罪恶	2.30	6.22	3.96	0.0021
2	负性	灾难	2.39	6.74	3.04	0.0027
2	负性	冲突	2.22	7.09	3.74	0.0023
2	负性	死刑	2.50	4.96	3.38	0.0013
2	负性	挫折	2.74	6.09	4.83	0.0025
2	负性	毒性	1.57	6.74	4.87	0.0013
2	负性	狠心	2.48	5.63	5.63	0.0012
2	负性	无耻	2.45	5.45	5.26	0.0021
2	负性	疼痛	2.52	6.48	4.26	0.0012
2	负性	悲痛	2.52	5.48	5.04	0.0018
2	负性	危机	2.54	5.11	5.46	0.0068
2	负性	悲剧	2.59	5.59	5.07	0.0011
2	负性	妄想	2.87	5.48	6.17	0.0013
2	负性	汉奸	2.10	5.43	3.10	0.0019
2	负性	谣言	2.93	5.89	4.67	0.0015
2	负性	剥削	2.67	5.33	5.40	0.0028
2	负性	恐怖	2.57	5.33	5.03	0.0037
2	负性	咒骂	2.13	5.33	4.21	0.0008
2	正性	策略	6.17	6.46	5.13	0.0008
2	正性	小说	6.22	6.13	3.78	0.0057
2	正性	肥沃	6.19	5.81	4.94	0.0035
2	正性	自然	6.46	5.36	4.86	0.0190
2	正性	宇航	6.04	5.96	4.38	0.0011
2	正性	文明	6.23	5.97	5.16	0.0028

续表

组别	类别	词语	愉悦度	激活度	抽象度	词频
2	正性	前途	6.74	6.48	5.17	0.0062
2	正性	典范	6.48	6.35	4.90	0.0017
2	正性	道德	6.91	5.74	5.83	0.0052
2	正性	启示	6.29	6.21	5.58	0.0012
2	正性	谦虚	6.73	6.23	5.37	0.0019
2	正性	经验	6.00	4.89	5.43	0.0291
2	正性	优良	6.70	6.53	5.27	0.0073
2	正性	事业	6.96	6.89	4.61	0.0258
2	正性	良心	6.30	6.00	5.81	0.0023
2	正性	效果	6.13	5.52	5.00	0.0093
2	正性	援助	6.07	5.63	4.77	0.0073
2	正性	服务	6.70	5.57	3.87	0.0150
2	正性	源泉	6.54	6.17	5.67	0.0012
2	正性	成熟	6.50	6.30	5.50	0.0036

附表2 实验6所使用的中文（中性）词语

组别	词语	愉悦度	激活度	抽象度	词频
1	北纬	5.33	4.81	4.74	0.0005
1	本质	5.22	4.78	5.91	0.0050
1	次序	5.17	5.00	4.25	0.0011
1	答复	4.96	5.07	4.07	0.0022
1	弹性	5.13	5.17	5.00	0.0011
1	当年	5.20	5.43	4.37	0.0007
1	地理	5.04	4.96	4.79	0.0027
1	定律	4.88	4.88	4.54	0.0011
1	方程	4.67	4.85	5.04	0.0018

续表

组别	词语	愉悦度	激活度	抽象度	词频
1	幅度	5.25	5.08	4.63	0.0011
1	工业	5.14	4.61	4.43	0.0358
1	关系	5.43	4.96	5.61	0.0474
1	记录	5.17	4.80	4.80	0.0030
1	纪律	5.26	5.30	4.04	0.0065
1	开支	4.85	5.37	4.70	0.0013
1	课程	4.87	5.00	3.30	0.0050
1	来源	5.07	5.04	5.59	0.0035
1	历史	5.39	4.68	4.82	0.0516
1	名称	4.96	4.71	4.79	0.0011
1	气候	5.46	4.61	4.75	0.0153
1	实际	5.46	4.68	5.25	0.0383
1	实验	4.78	4.86	3.56	0.0110
1	事务	4.86	4.75	4.61	0.0018
1	数量	5.00	4.70	3.78	0.0053
1	条件	4.71	4.79	5.29	0.0302
1	通讯	5.39	4.61	3.39	0.0056
1	往事	5.25	5.42	4.50	0.0011
1	问题	4.68	5.32	5.11	0.1102
1	下午	4.82	4.68	3.04	0.0111
1	项目	5.33	5.26	4.70	0.0029
1	新闻	5.07	5.04	3.36	0.0036
1	形势	5.26	4.83	5.83	0.0078
1	序幕	5.41	5.33	4.59	0.0007
1	学科	4.96	4.63	5.26	0.0034
1	义务	5.15	5.04	5.56	0.0018
1	议论	5.04	5.19	4.70	0.0045

续表

组别	词语	愉悦度	激活度	抽象度	词频
1	意思	5.14	4.79	6.61	0.0202
1	语言	5.09	4.78	4.00	0.0063
1	原因	4.87	5.17	5.09	0.0115
1	院校	5.43	5.39	3.11	0.0012
1	职员	5.00	4.90	4.07	0.0016
1	制度	4.75	4.54	5.64	0.0262
1	主体	5.06	4.90	5.35	0.0005
1	资本	5.43	5.46	5.21	0.0325
2	笔记	5.46	5.29	3.11	0.0030
2	标准	5.13	4.87	4.52	0.0098
2	参数	5.17	4.96	4.29	0.0008
2	差异	4.79	5.04	5.63	0.0012
2	程度	5.22	4.83	5.87	0.0087
2	储量	5.37	5.48	4.11	0.0011
2	纺织	4.93	4.89	3.64	0.0021
2	概念	4.74	4.70	7.00	0.0024
2	功率	5.04	4.63	5.59	0.0021
2	规律	5.29	4.61	5.36	0.0194
2	毫米	4.74	4.74	3.03	0.0034
2	化学	5.11	4.82	4.64	0.0228
2	环节	5.33	5.04	4.83	0.0012
2	价格	5.04	5.30	3.74	0.0058
2	经济	5.43	5.18	5.14	0.0752
2	局面	4.96	5.26	5.78	0.0056
2	刊物	5.13	4.84	3.39	0.0017
2	看法	5.09	4.70	5.17	0.0043
2	理由	4.67	4.89	5.52	0.0038

续表

组别	词语	愉悦度	激活度	抽象度	词频
2	路线	5.13	5.00	4.06	0.0255
2	名字	5.37	5.00	3.47	0.0105
2	年龄	5.19	4.93	3.56	0.0033
2	频率	4.96	5.33	4.67	0.0014
2	气象	4.91	4.65	3.52	0.0046
2	前提	5.07	4.89	5.14	0.0010
2	途径	4.81	4.81	5.26	0.0018
2	湿度	5.29	5.17	4.25	0.0011
2	时刻	5.00	5.04	4.43	0.0066
2	实习	5.47	5.13	4.27	0.0013
2	枢纽	5.25	5.08	5.54	0.0011
2	说法	5.13	5.03	5.26	0.0030
2	特征	5.44	4.89	5.63	0.0036
2	提议	5.22	5.07	5.00	0.0004
2	体积	4.93	4.52	3.89	0.0038
2	物资	5.39	5.36	3.78	0.0019
2	校长	5.00	5.19	3.42	0.0040
2	协会	5.13	5.04	4.92	0.0015
2	样品	5.46	5.08	4.13	0.0008
2	意见	4.64	5.18	5.18	0.0255
2	语文	5.19	4.70	4.52	0.0017
2	中央	5.13	4.87	5.97	0.0291
2	主权	5.29	5.35	5.39	0.0011
2	总数	5.20	4.97	4.43	0.0008
2	作用	5.25	4.75	6.14	0.0337

附表 3　实验 8 所使用的中文（中性）词语

组别	词语	愉悦度	激活度	抽象度	词频
1	规格	4.79	4.88	5.04	0.0008
1	本质	5.22	4.78	5.91	0.0050
1	成本	4.74	5.33	5.15	0.0034
1	次序	5.17	5.00	4.25	0.0011
1	答复	4.96	5.07	4.07	0.0022
1	弹性	5.13	5.17	5.00	0.0011
1	当年	5.20	5.43	4.37	0.0007
1	地理	5.04	4.96	4.79	0.0027
1	电报	4.96	5.30	3.96	0.0031
1	定律	4.88	4.88	4.54	0.0011
1	方程	4.67	4.85	5.04	0.0018
1	分界	4.67	4.78	5.44	0.0006
1	工业	5.14	4.61	4.43	0.0358
1	关系	5.43	4.96	5.61	0.0474
1	化学	5.11	4.82	4.64	0.0228
1	记录	5.17	4.80	4.80	0.0030
1	纪律	5.26	5.30	4.04	0.0065
1	进程	4.83	5.71	4.75	0.0012
1	开支	4.85	5.37	4.70	0.0013
1	课程	4.87	5.00	3.30	0.0050
1	路线	5.13	5.00	4.06	0.0255
1	名称	4.96	4.71	4.79	0.0011
1	时期	4.82	3.93	5.36	0.0233
1	实际	5.46	4.68	5.25	0.0383
1	事务	4.86	4.75	4.61	0.0018
1	枢纽	5.25	5.08	5.54	0.0011
1	数量	5.00	4.70	3.78	0.0053

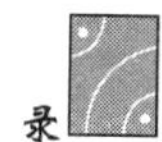

续表

组别	词语	愉悦度	激活度	抽象度	词频
1	通讯	5. 39	4. 61	3. 39	0. 0056
1	往事	5. 25	5. 42	4. 50	0. 0011
1	问题	4. 68	5. 32	5. 11	0. 1102
1	下午	4. 82	4. 68	3. 04	0. 0111
1	项目	5. 33	5. 26	4. 70	0. 0029
1	新闻	5. 07	5. 04	3. 36	0. 0036
1	形势	5. 26	4. 83	5. 83	0. 0078
1	学科	4. 96	4. 63	5. 26	0. 0034
1	义务	5. 15	5. 04	5. 56	0. 0018
1	议论	5. 04	5. 19	4. 70	0. 0045
1	意思	5. 14	4. 79	6. 61	0. 0202
1	语言	5. 09	4. 78	4. 00	0. 0063
1	原因	4. 87	5. 17	5. 09	0. 0115
1	职员	5. 00	4. 90	4. 07	0. 0016
1	制度	4. 75	4. 54	5. 64	0. 0262
1	主体	5. 06	4. 90	5. 35	0. 0005
1	资本	5. 43	5. 46	5. 21	0. 0325
2	标准	5. 13	4. 87	4. 52	0. 0098
2	参数	5. 17	4. 96	4. 29	0. 0008
2	差异	4. 79	5. 04	5. 63	0. 0012
2	程度	5. 22	4. 83	5. 87	0. 0087
2	纺织	4. 93	4. 89	3. 64	0. 0021
2	概念	4. 74	4. 70	7. 00	0. 0024
2	功率	5. 04	4. 63	5. 59	0. 0021
2	北纬	5. 33	4. 81	4. 74	0. 0005
2	规律	5. 29	4. 61	5. 36	0. 0194
2	毫米	4. 74	4. 74	3. 03	0. 0034
2	环节	5. 33	5. 04	4. 83	0. 0012
2	价格	5. 04	5. 30	3. 74	0. 0058

续表

组别	词语	愉悦度	激活度	抽象度	词频
2	经济	5.43	5.18	5.14	0.0752
2	局面	4.96	5.26	5.78	0.0056
2	刊物	5.13	4.84	3.39	0.0017
2	看法	5.09	4.70	5.17	0.0043
2	考察	4.75	4.96	4.44	0.0043
2	来源	5.07	5.04	5.59	0.0035
2	理由	4.67	4.89	5.52	0.0038
2	历史	5.39	4.68	4.82	0.0516
2	名字	5.37	5.00	3.47	0.0105
2	年龄	5.19	4.93	3.56	0.0033
2	频率	4.96	5.33	4.67	0.0014
2	气象	4.91	4.65	3.52	0.0046
2	前提	5.07	4.89	5.14	0.0001
2	区域	5.00	5.22	5.26	0.0028
2	湿度	5.29	5.17	4.25	0.0011
2	时刻	5.00	5.04	4.43	0.0066
2	实验	4.78	4.86	3.56	0.0101
2	数值	4.50	4.88	4.25	0.0012
2	说法	5.13	5.03	5.26	0.0030
2	提议	5.22	5.07	5.00	0.0004
2	田径	5.13	5.75	3.08	0.0011
2	条件	4.71	4.79	5.29	0.0302
2	途径	4.81	4.81	5.26	0.0018
2	物理	4.52	4.48	4.81	0.0064
2	校长	5.00	5.19	3.42	0.0040
2	协会	5.13	5.04	4.92	0.0015
2	意见	4.64	5.18	5.18	0.0255
2	语文	5.19	4.70	4.52	0.0017
2	中央	5.13	4.87	5.97	0.0291
2	主权	5.29	5.35	5.39	0.0011
2	总数	5.20	4.97	4.43	0.0008
2	作用	5.25	4.75	6.14	0.0337

附表 4　自由回忆成绩多重比较结果（Games – Howell）

延迟时间（I）	延迟时间（J）	平均值差异（I – J）	标准误	p 值
即时	19 分	0. 045	0. 031	0. 816
	63 分	0. 048	0. 032	0. 809
	4. 9 小时	0. 090	0. 024	0. 013
	8. 75 小时	0. 105	0. 023	0. 002
	1 天	0. 109	0. 025	0. 003
	6 天	0. 146	0. 022	0. 000
	2 周	0. 150	0. 022	0. 000
19 分	即时	–0. 045	0. 031	0. 816
	63 分	0. 003	0. 034	1. 000
	4. 9 小时	0. 045	0. 026	0. 658
	8. 75 小时	0. 060	0. 025	0. 291
	1 天	0. 063	0. 027	0. 302
	6 天	0. 101	0. 024	0. 010
	2 周	0. 105	0. 024	0. 006
63 分	即时	–0. 048	0. 032	0. 809
	19 分	–0. 003	0. 034	1. 000
	4. 9 小时	0. 042	0. 028	0. 798
	8. 75 小时	0. 057	0. 027	0. 450
	1 天	0. 060	0. 029	0. 451
	6 天	0. 098	0. 026	0. 027
	2 周	0. 102	0. 026	0. 018
4. 9 小时	即时	–0. 090	0. 024	0. 013
	19 分	–0. 045	0. 026	0. 658
	63 分	–0. 042	0. 028	0. 798
	8. 75 小时	0. 016	0. 016	0. 977
	1 天	0. 019	0. 019	0. 973
	6 天	0. 056	0. 015	0. 013
	2 周	0. 060	0. 014	0. 004

续表

延迟时间（I）	延迟时间（J）	平均值差异（I－J）	标准误	*p* 值
8.75 小时	即时	－0.105	0.023	0.002
	19 分	－0.060	0.025	0.291
	63 分	－0.057	0.027	0.450
	4.9 小时	－0.016	0.016	0.977
	1 天	0.003	0.018	1.000
	6 天	0.041	0.014	0.104
	2 周	0.045	0.013	0.032
1 天	即时	－0.109	0.025	0.003
	19 分	－0.063	0.027	0.302
	63 分	－0.060	0.029	0.451
	4.9 小时	－0.019	0.019	0.973
	8.75 小时	－0.003	0.018	1.000
	6 天	0.038	0.017	0.359
	2 周	0.042	0.016	0.193
6 天	即时	－0.146	0.022	0.000
	19 分	－0.101	0.024	0.010
	63 分	－0.098	0.026	0.027
	4.9 小时	－0.056	0.015	0.013
	8.75 小时	－0.041	0.014	0.104
	1 天	－0.038	0.017	0.359
	2 周	0.004	0.011	1.000
2 周	即时	－0.150	0.022	0.000
	19 分	－0.105	0.024	0.006
	63 分	－0.102	0.026	0.018
	4.9 小时	－0.060	0.014	0.004
	8.75 小时	－0.045	0.013	0.032
	1 天	－0.042	0.016	0.193
	6 天	－0.004	0.011	1.000

附表 5　再认记忆成绩多重比较结果（Tukey HSD）

延迟时间（I）	延迟时间（J）	平均值差异（I－J）	标准误	*p* 值
即时	19 分	0. 039	0. 064	0. 999
	63 分	0. 083	0. 064	0. 895
	4. 9 小时	0. 226	0. 064	0. 012
	8. 75 小时	0. 208	0. 064	0. 029
	1 天	0. 281	0. 061	0. 000
	6 天	0. 379	0. 064	0. 000
	2 周	0. 413	0. 065	0. 000
19 分	即时	－0. 039	0. 064	0. 999
	63 分	0. 044	0. 068	0. 998
	4. 9 小时	0. 186	0. 068	0. 124
	8. 75 小时	0. 169	0. 068	0. 219
	1 天	0. 241	0. 066	0. 009
	6 天	0. 340	0. 068	0. 000
	2 周	0. 373	0. 070	0. 000
63 分	即时	－0. 083	0. 064	0. 895
	19 分	－0. 044	0. 068	0. 998
	4. 9 小时	0. 143	0. 068	0. 429
	8. 75 小时	0. 125	0. 068	0. 603
	1 天	0. 198	0. 066	0. 067
	6 天	0. 296	0. 068	0. 001
	2 周	0. 330	0. 070	0. 000
4. 9 小时	即时	－0. 226	0. 064	0. 012
	19 分	－0. 186	0. 068	0. 124
	63 分	－0. 143	0. 068	0. 429
	8. 75 小时	－0. 018	0. 068	1. 000
	1 天	0. 055	0. 066	0. 991
	6 天	0. 153	0. 068	0. 336
	2 周	0. 187	0. 070	0. 135

续表

延迟时间（I）	延迟时间（J）	平均值差异（I－J）	标准误	p 值
8.75 小时	即时	－0.208	0.064	0.029
	19 分	－0.169	0.068	0.219
	63 分	－0.125	0.068	0.603
	4.9 小时	0.018	0.068	1.000
	1 天	0.073	0.066	0.957
	6 天	0.171	0.068	0.206
	2 周	0.205	0.070	0.072
1 天	即时	－0.281	0.061	0.000
	19 分	－0.241	0.066	0.009
	63 分	－0.198	0.066	0.067
	4.9 小时	－0.055	0.066	0.991
	8.75 小时	－0.073	0.066	0.957
	6 天	0.098	0.066	0.818
	2 周	0.132	0.068	0.518
6 天	即时	－0.379	0.064	0.000
	19 分	－0.340	0.068	0.000
	63 分	－0.296	0.068	0.001
	4.9 小时	－0.153	0.068	0.336
	8.75 小时	－0.171	0.068	0.206
	1 天	－0.098	0.066	0.818
	2 周	0.034	0.070	1.000
2 周	即时	－0.413	0.065	0.000
	19 分	－0.373	0.070	0.000
	63 分	－0.330	0.070	0.000
	4.9 小时	－0.187	0.070	0.135
	8.75 小时	－0.205	0.070	0.072
	1 天	－0.132	0.068	0.518
	6 天	－0.034	0.070	1.000

附表 6 “记得”反应正确率的多重比较（Games Howell）

延迟时间（I）	延迟时间（J）	平均值差异（I－J）	标准误	p 值
即时	19 分	0. 111	0. 090	0. 914
	63 分	0. 097	0. 092	0. 963
	4. 9 小时	0. 126	0. 072	0. 662
	8. 75 小时	0. 204	0. 075	0. 154
	1 天	0. 314	0. 069	0. 002
	6 天	0. 325	0. 066	0. 001
	2 周	0. 347	0. 071	0. 001
19 分	即时	－0. 111	0. 090	0. 914
	63 分	－0. 015	0. 097	1. 000
	4. 9 小时	0. 015	0. 078	1. 000
	8. 75 小时	0. 093	0. 081	0. 940
	1 天	0. 203	0. 075	0. 175
	6 天	0. 214	0. 072	0. 110
	2 周	0. 236	0. 076	0. 080
63 分	即时	－0. 097	0. 092	0. 963
	19 分	0. 015	0. 097	1. 000
	4. 9 小时	0. 029	0. 081	1. 000
	8. 75 小时	0. 107	0. 084	0. 897
	1 天	0. 217	0. 078	0. 153
	6 天	0. 228	0. 075	0. 099
	2 周	0. 251	0. 079	0. 071
4. 9 小时	即时	－0. 126	0. 072	0. 662
	19 分	－0. 015	0. 078	1. 000
	63 分	－0. 029	0. 081	1. 000
	8. 75 小时	0. 078	0. 061	0. 897
	1 天	0. 188	0. 053	0. 025
	6 天	0. 199	0. 048	0. 007
	2 周	0. 222	0. 055	0. 007

续表

延迟时间（I）	延迟时间（J）	平均值差异（I-J）	标准误	p 值
8.75 小时	即时	-0.204	0.075	0.154
	19 分	-0.093	0.081	0.940
	63 分	-0.107	0.084	0.897
	4.9 小时	-0.078	0.061	0.897
	1 天	0.110	0.057	0.550
	6 天	0.121	0.053	0.339
	2 周	0.144	0.059	0.260
1 天	即时	-0.314	0.069	0.002
	19 分	-0.203	0.075	0.175
	63 分	-0.217	0.078	0.153
	4.9 小时	-0.188	0.053	0.025
	8.75 小时	-0.110	0.057	0.550
	6 天	0.011	0.044	1.000
	2 周	0.034	0.051	0.997
6 天	即时	-0.325	0.066	0.001
	19 分	-0.214	0.072	0.110
	63 分	-0.228	0.075	0.099
	4.9 小时	-0.199	0.048	0.007
	8.75 小时	-0.121	0.053	0.339
	1 天	-0.011	0.044	1.000
	2 周	0.023	0.046	1.000
2 周	即时	-0.347	0.071	0.001
	19 分	-0.236	0.076	0.080
	63 分	-0.251	0.079	0.071
	4.9 小时	-0.222	0.055	0.007
	8.75 小时	-0.144	0.059	0.260
	1 天	-0.034	0.051	0.997
	6 天	-0.023	0.046	1.000

附表 7 “记得”反应数目的多重比较（Tukey HSD）

延迟时间（I）	延迟时间（J）	平均值差异（I－J）	标准误	p 值
即时	19 分	2.73	2.135	0.906
	63 分	0.81	2.176	1.000
	4.9 小时	0.39	2.135	1.000
	8.75 小时	0.83	2.135	1.000
	1 天	5.63	2.066	0.124
	6 天	4.87	2.135	0.312
	2 周	1.45	2.176	0.998
19 分	即时	－2.73	2.135	0.906
	63 分	－1.92	2.336	0.992
	4.9 小时	－2.33	2.298	0.971
	8.75 小时	－1.90	2.298	0.991
	1 天	2.91	2.233	0.897
	6 天	2.15	2.298	0.982
	2 周	－1.28	2.336	0.999
63 分	即时	－0.81	2.176	1.000
	19 分	1.92	2.336	0.992
	4.9 小时	－0.41	2.336	1.000
	8.75 小时	0.03	2.336	1.000
	1 天	4.83	2.272	0.405
	6 天	4.07	2.336	0.660
	2 周	0.64	2.373	1.000
4.9 小时	即时	－0.39	2.135	1.000
	19 分	2.33	2.298	0.971
	63 分	0.41	2.336	1.000
	8.75 小时	0.44	2.298	1.000
	1 天	5.24	2.233	0.277
	6 天	4.48	2.298	0.520
	2 周	1.06	2.336	1.000

续表

延迟时间（I）	延迟时间（J）	平均值差异（I－J）	标准误	p 值
8.75 小时	即时	－0.83	2.135	1.000
	19 分	1.90	2.298	0.991
	63 分	－0.03	2.336	1.000
	4.9 小时	－0.44	2.298	1.000
	1 天	4.80	2.233	0.389
	6 天	4.04	2.298	0.649
	2 周	0.62	2.336	1.000
1 天	即时	－5.63	2.066	0.124
	19 分	－2.91	2.233	0.897
	63 分	－4.83	2.272	0.405
	4.9 小时	－5.24	2.233	0.277
	8.75 小时	－4.80	2.233	0.389
	6 天	－0.76	2.233	1.000
	2 周	－4.19	2.272	0.593
6 天	即时	－4.87	2.135	0.312
	19 分	－2.15	2.298	0.982
	63 分	－4.07	2.336	0.660
	4.9 小时	－4.48	2.298	0.520
	8.75 小时	－4.04	2.298	0.649
	1 天	0.76	2.233	1.000
	2 周	－3.42	2.336	0.824
2 周	即时	－1.45	2.176	0.998
	19 分	1.28	2.336	0.999
	63 分	－0.64	2.373	1.000
	4.9 小时	－1.06	2.336	1.000
	8.75 小时	－0.62	2.336	1.000
	1 天	4.19	2.272	0.593
	6 天	3.42	2.336	0.824

附表 8 “知道”反应数目的多重比较（Tukey HSD）

延迟时间（I）	延迟时间（J）	平均值差异（I－J）	标准误	*p* 值
即时	19 分	0. 52	2. 314	1. 000
	63 分	0. 25	2. 358	1. 000
	4. 9 小时	－2. 55	2. 314	0. 956
	8. 75 小时	－0. 34	2. 314	1. 000
	1 天	－8. 95	2. 238	0. 003
	6 天	－5. 3	2. 314	0. 308
	2 周	－2. 33	2. 358	0. 975
19 分	即时	－0. 52	2. 314	1. 000
	63 分	－0. 27	2. 531	1. 000
	4. 9 小时	－3. 06	2. 490	0. 921
	8. 75 小时	－0. 85	2. 490	1. 000
	1 天	－9. 46	2. 420	0. 004
	6 天	－5. 81	2. 490	0. 284
	2 周	－2. 84	2. 531	0. 950
63 分	即时	－0. 25	2. 358	1. 000
	19 分	0. 27	2. 531	1. 000
	4. 9 小时	－2. 8	2. 531	0. 955
	8. 75 小时	－0. 59	2. 531	1. 000
	1 天	－9. 2	2. 462	0. 007
	6 天	－5. 55	2. 531	0. 364
	2 周	－2. 58	2. 572	0. 973
4. 9 小时	即时	2. 55	2. 314	0. 956
	19 分	3. 06	2. 490	0. 921
	63 分	2. 8	2. 531	0. 955
	8. 75 小时	2. 21	2. 490	0. 987
	1 天	－6. 4	2. 420	0. 150
	6 天	－2. 75	2. 490	0. 955
	2 周	0. 22	2. 531	1. 000

续表

延迟时间（I）	延迟时间（J）	平均值差异（I－J）	标准误	*p* 值
8.75 小时	即时	0.34	2.314	1.000
	19 分	0.85	2.490	1.000
	63 分	0.59	2.531	1.000
	4.9 小时	－2.21	2.490	0.987
	1 天	－8.61	2.420	0.012
	6 天	－4.96	2.490	0.492
	2 周	－1.99	2.531	0.994
1 天	即时	8.95	2.238	0.003
	19 分	9.46	2.420	0.004
	63 分	9.2	2.462	0.007
	4.9 小时	6.4	2.420	0.150
	8.75 小时	8.61	2.420	0.012
	6 天	3.65	2.420	0.802
	2 周	6.62	2.462	0.136
6 天	即时	5.3	2.314	0.308
	19 分	5.81	2.490	0.284
	63 分	5.55	2.531	0.364
	4.9 小时	2.75	2.490	0.955
	8.75 小时	4.96	2.490	0.492
	1 天	－3.65	2.420	0.802
	2 周	2.97	2.531	0.938
2 周	即时	2.33	2.358	0.975
	19 分	2.84	2.531	0.950
	63 分	2.58	2.572	0.973
	4.9 小时	－0.22	2.531	1.000
	8.75 小时	1.99	2.531	0.994
	1 天	－6.62	2.462	0.136
	6 天	－2.97	2.531	0.938

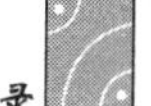

附表 9　来源记忆成绩多重比较结果（Games Howell）

延迟时间（I）	延迟时间（J）	平均值差异（I－J）	标准误	p 值
即时	19 分	0. 058	0. 045	0. 897
	63 分	0. 060	0. 046	0. 891
	4. 9 小时	0. 100	0. 041	0. 250
	8. 75 小时	0. 100	0. 033	0. 076
	1 天	0. 149	0. 038	0. 008
	6 天	0. 174	0. 033	0. 000
	2 周	0. 200	0. 030	0. 000
19 分	即时	－0. 058	0. 045	0. 897
	63 分	0. 002	0. 053	1. 000
	4. 9 小时	0. 042	0. 049	0. 988
	8. 75 小时	0. 042	0. 042	0. 971
	1 天	0. 091	0. 046	0. 522
	6 天	0. 116	0. 043	0. 169
	2 周	0. 142	0. 040	0. 036
63 分	即时	－0. 060	0. 046	0. 891
	19 分	－0. 002	0. 053	1. 000
	4. 9 小时	0. 040	0. 049	0. 991
	8. 75 小时	0. 040	0. 043	0. 980
	1 天	0. 089	0. 047	0. 568
	6 天	0. 114	0. 044	0. 202
	2 周	0. 140	0. 041	0. 047
4. 9 小时	即时	－0. 100	0. 041	0. 250
	19 分	－0. 042	0. 049	0. 988
	63 分	－0. 040	0. 049	0. 991
	8. 75 小时	0. 000	0. 037	1. 000
	1 天	0. 050	0. 042	0. 932
	6 天	0. 074	0. 038	0. 529
	2 周	0. 100	0. 035	0. 130

续表

延迟时间（I）	延迟时间（J）	平均值差异（I－J）	标准误	*p* 值
8.75 小时	即时	－0.100	0.033	0.076
	19 分	－0.042	0.042	0.971
	63 分	－0.040	0.043	0.980
	4.9 小时	0.000	0.037	1.000
	1 天	0.049	0.035	0.843
	6 天	0.074	0.030	0.238
	2 周	0.100	0.026	0.013
1 天	即时	－0.149	0.038	0.008
	19 分	－0.091	0.046	0.522
	63 分	－0.089	0.047	0.568
	4.9 小时	－0.050	0.042	0.932
	8.75 小时	－0.049	0.035	0.843
	6 天	0.025	0.035	0.996
	2 周	0.051	0.032	0.758
6 天	即时	－0.174	0.033	0.000
	19 分	－0.116	0.043	0.169
	63 分	－0.114	0.044	0.202
	4.9 小时	－0.074	0.038	0.529
	8.75 小时	－0.074	0.030	0.238
	1 天	－0.025	0.035	0.996
	2 周	0.026	0.027	0.972
2 周	即时	－0.200	0.030	0.000
	19 分	－0.142	0.040	0.036
	63 分	－0.140	0.041	0.047
	4.9 小时	－0.100	0.035	0.130
	8.75 小时	－0.100	0.026	0.013
	1 天	－0.051	0.032	0.758
	6 天	－0.026	0.027	0.972

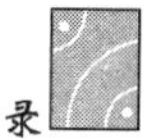

附录2　中文词语的评价指导语

愉悦度评价：如果某个词语令您感到极不愉悦（例如：极恼火、极不满意、极伤感、极沮丧或极厌倦），请用数字键1作出反应。如果某个词语令您感到极愉悦，请用数字键9作出反应。如果某个词语既不令您感到愉悦，也不令您感到不愉悦（中性情绪），请用数字键5作出反应。如果某个词语令您产生的情绪处于极不愉悦和中性情绪之间，请根据您的情况用1～5之间的某个数字键作出反应。如果某个词语令您产生的情绪处于中性情绪和极愉悦之间，请根据您的情况用5～9之间的某个数字键作出反应。

激活度评价：如果某个词语令您感到彻底放松，或极为迟钝平静，或昏昏欲睡（极弱激活），请用数字键1作出反应。如果某个词语令您感到极激动、极狂热、极兴奋或极紧张（极强激活），请用数字键9作出反应。如果某个词语既不令您感到放松或平静，也不令您感到激动、狂热、兴奋或紧张（中等激活），请用数字键5作出反应。如果某个词语令您产生的激活处于极弱激活和中等激活之间，请根据您的情况用1～5之间的某个数字键作出反应。如果某个词语令您产生的激活处于中等激活和极强激活之间，请根据您的情况用5～9之间的某个数字键作出反应。

抽象度评价：如果您觉得某个词语极为具体（极弱抽象度），请用数字键1作出反应。如果您觉得某个词语极为抽象（极强抽象度），请用数字键9作出反应。如果您觉得某个词语的抽象程度处于极弱抽象度和极强抽象度之间（中等抽象度），请用数字键5作出反应。如果您觉得某个词语的抽象程度处于极弱抽象度和中等抽象度之间，请根据您的情况用1～5之间的某个数字键作出反应。如果您觉得某个词语的抽象程度处于中等抽象度和极强抽象度之间，请根据您的情况用5～9之间的某个数字键作出反应。

请迅速地对每个词语作出反应，不要花太多时间仔细思考每个词语。您需要按照您看到某个词语时的第一感觉作出反应。对所有词语的评价结束后，请暂时保持安静，以免影响其他被试。

参考文献

[1] Adam Anderson, Kalina Christoff, Iris Stappen, David Panitz, Gary Ghahremani, Gary Glover, John D. E. Gabrieli, Noam Sobel, Dissociated neural representations of intensity and valence in human olfaction. *Nature Neuroscience*, Vol. 6, February 2003, pp. 196 - 202.

[2] Adam K. Anderson, Peter E. Wais, John D. E. Gabrieli, Emotion Enhances Remembrance of Neutral Events Past. *Proceedings of the National Academy of Sciences of the United States of America*, Vol. 103, No. 5, January 2006, pp. 1599 - 1604.

[3] Angela H. Gutchess, Elizabeth A. Kensinger, Carolyn Yoon, Daniel L. Schacter, Ageing and the Self - reference Effect in Memory. *Memory*, Vol. 15, No. 8, November 2007, pp. 822 - 837. Cited in Elizabeth A. Kensinger, What Factors Need to Be Considered to Understand Emotional Memories. *Emotion Review*, Vol. 1, No. 2, January 2009, pp. 120 - 121.

[4] Antonella Gasbarri, Benedetto Arnone, Assunta Pompili, Francesca Pacitti, Claudio Pacittia, Larry Cahill, Sex-related Hemispheric Lateralization of Electrical Potentials Evoked by Arousing Negative Stimuli. *Brain research*, Vol. 1138, March 2007, pp. 178 - 186.

[5] Arnaud D'Argembeau, Martial Van der Linden, Influence of Affective Meaning on Memory for Contextual Information. *Emotion*, Vol. 4, No. 2, July 2004, pp. 173 - 188.

[6] Arnaud D'Argembeau, Martial Van der Linden, Influence of Emotion on Memory for Temporal Information. *Emotion*, Vol. 5, No. 4, January 2006, pp. 503 - 507.

[7] Aycan Kapucu, Caren M. Rotello, Rebecca E. Ready, Katharina N. Seidl, Response Bias in "Remembering" Emotional Stimuli: A New Perspective on Age Differences. *Journal of Experimental Psychology: Learning, Memory, and Cognition*, Vol. 34, No. 3, May 2008, pp. 703 - 711.

[8] Bo Wang, BuKuan Sun, Post-encoding emotional arousal enhances consoli-

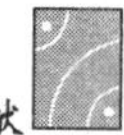

dation of item memory, but not reality-monitoring source memory. *Quarterly Journal of Experimental Psychology*, Vol. 70, No. 3, March 2017, pp. 461 – 472.

[9] Bo Wang, BuKuan Sun. Time-limited effects of emotional arousal on item and source memory. *The Quarterly Journal of Experimental Psychology*, Vol. 68, No. 11, November 2015, pp. 2274 – 2290.

[10] Bo Wang, XiaoLan Fu, Gender differences in the effects of post-learning emotion on consolidation of item memory and source memory. *Neurobiology of Learning and Memory*, Vol. 93, May 2010, pp. 572 – 580.

[11] Cynthia P. May, Tamara Rahhal, Evan M. Berry, Elizabeth A. Leighton, Aging, source memory, and emotion. *Psychology and Aging*, Vol. 20, No. 4, December 2005, pp. 571 – 578.

[12] Chris J. Boyatzis, Reenu Varghese, Children's Emotional Associations with Colors. *The Journal of Genetic Psychology*, Vol. 155, No. 1, March 1994, pp. 98 – 108.

[13] Christine Comblain, Arnaud D'Argembeau, Martial Van der Linden, Laurence Aldenhoff, The Effect of Ageing on the Recollection of Emotional and Neutral Picture. *Memory*, Vol. 12, No. 6, December 2004, pp. 673 – 684.

[14] Deborah Talmi, Morris Moscovitch, Can Semantic Relatedness Explain the Enhancement of Memory for Emotional Words? *Memory and Cognition*, Vol. 32, No. 5, July 2004, pp. 742 – 751.

[15] Denise Li Juan Liu, Steven Graham, Michael Zorawski, Enhanced Selective Memory Consolidation Following Post-learning Pleasant and Aversive Arousal. *Neurobiology of Learning and Memory*, Vol. 89, No. 1, 2008, pp. 36 – 46.

[16] Donald G. Mackay, Meredith Shafto, Jennifer K. Taylor, Diane E. Marian, Lise Abrams, Jennifer R. Dyer, Relations between Emotion, Memory, and Attention: Evidence from Taboo Stroop, Lexical Decision, and Immediate Memory Tasks. *Memory & Cognition*, Vol. 32, No. 3, April 2004, pp. 474 – 488.

[17] Elizabeth. A. Kensinger, *Emotional Memory across the Adult Lifespan*. New York: Psychology Press, 2009a, P. 7.

[18] Elizabeth Loftus, *Eyewitness Testimony*. Cambridge: Harvard University Press, 1979.

[19] Endel Tulving, *Elements of Episodic Memory*. Cambridge: Oxford University Press, 1983.

[20] Elizabeth A. Kensinger, Barbara Brierley, Nick Medford, John H. Grow-

don, Suzanne Corkin, Effects of Normal Aging and Alzheimer's Disease on Emotional Memory. *Emotion*, Vol. 2, No. 2, June 2002, pp. 118 – 134.

[21] Elizabeth A. Kensinger, Suzanne Corkin, Memory Enhancement for Emotional Words: Are Emotional Words More Vividly Remembered Than Neutral Words? *Memory & Cognition*, Vol. 31, No. 8, December 2003, pp. 1169 – 1180.

[22] Elizabeth A. Kensinger, What Factors Need to Be Considered to Understand Emotional Memories. *Emotion Review*, Vol. 1, No. 2, January 2009b, pp. 120 – 121.

[23] Elizabeth A. Phelps, Kevin S. Labar, Adam K. Anderson, Kevin J. O'connor, Robert K. Fulbright, Dennis D. Spencer, Specifying the Contributions of the Human Amygdala to Emotional Memory: A Case Study. *Neurocase*, Vol. 4, No. 6, November 1998, pp. 527 – 540.

[24] Elizabeth A. Phelps, Tali Sharot, How (and Why) Emotion Enhances the Subjective Sense of Recollection. *Current Directions in Psychological Science*, Vol. 17, No. 2, April 2008, pp. 147 – 152.

[25] Elizabeth J. Maratos, Kevin Allan, Michael D. Rugg, Recognition Memory for Emotionally Negative and Neutral Words: an ERP Study. *Neuropsychologia*, Vol. 38, No. 11, October 2000, pp. 1452 – 1465.

[26] Gabriel I. Cook, Jason L. Hicks, Richard L. Marsh, Source Monitoring is Not Always Enhanced for Valenced Material. *Memory and Cognition*, Vol. 35, No. 2, March 2007, pp. 222 – 230.

[27] Rebecca C. Grider, Kenneth J. Malmberg, Discriminating Between Changes in Bias and Changes in Accuracy for Recognition Memory of Emotional Stimuli. *Memory & Cognition*, Vol. 36, No. 5, July 2008, pp. 933 – 946.

[28] James A. Russell, A circumplex model of affect. *Journal of Personality and Social Psychology*, Vol. 39, No. 6, December 1980, pp. 1161 – 1178.

[29] John R. Anderson, Language, memory, and thought. Hillsdale, New York: Erlbaum, 1976.

[30] Joan G. Snodgrass, June Corwin, Pragmatics of measuring recognition memory: Applications to dementia and amnesia. *Journal of Experimental Psychology: General*, Vol. 117, No. 1, March 1988, pp. 34 – 50.

[31] James J. Gross, Oliver John, Individual differences in two emotion regulation processes: Implications for affect, relationships, and well-being. *Journal of Personality and Social Psychology*, Vol. 85, August 2003, pp. 348 – 362.

[32] Jeanine K. Stefanucci, Dennis R. Proffitt, Gerald Clore, Nazish Parekh,

Skating down a steeper slope: Fear influences the perception of geographical slant. *Perception*, Vol. 37, January 2008, pp. 321 – 323.

[33] John T. Wixted, Dual-process theory and signal-detection theory of recognition memory. *Psychological Review*, Vol. 114, January 2007, pp. 152 – 176.

[34] James L. McGaugh, Memory Consolidation and the Amygdala: A Systems Perspective. *Trends in Neurosciences*, Vol. 25, No. 9, September 2002, pp. 456 – 461.

[35] James. A. Easterbrook, The Effect of Emotion on Cue Utilization and the Organization of Behavior. *Psychological Review*, Vol. 66, No. 3, 1959, pp. 183 – 201.

[36] Jean – Marie Danion, Fran? oise Kauffmann – Muller, Danielle Grangé, Marie – Agathe Zimmermann, Philippe Greth, Affective Valence of Words, Explicit and Implicit Memory in Clinical Depression. *Journal of Affective Disorders*, Vol. 34, No. 3, June 1995, pp. 227 – 234.

[37] Jennifer M. George, Erik Dane, Affect, Emotion, Decision Making. *Organizational Behavior and Human Decision Processes*, Vol. 136, September 2016, pp. 47 – 55.

[38] Jennifer R. Mathews, Deanna M. Barch, Episodic memory for emotional and non-emotional words in individuals with anhedonia. *Psychiatry Research*, Vol. 143, No. 2, August 2006, pp. 121 – 133.

[39] John R. Anderson, Gordon Bower, Recognition and Retrieval Processes in Free Recall. *Psychological Review*, Vol. 79, No. 2, March 1972, pp. 97 – 123.

[40] Kevin N. Ochsner, Are Affective Events Richly Recollected or Simply Familiar? The Experience and Process of Recognizing Feelings Past. *Journal of Experimental Psychology: General*, Vol. 129, No. 2, July 2000, pp. 242 – 261.

[41] Lewis J. Kleinsmith, Stephen Kaplan, Paired-associate learning as a Function of Arousal and Interpolated Interval. *Journal of Experimental Psychology*, Vol. 65, No. 2, 1963, pp. 190 – 193.

[42] Kristy A. Nielson, Douglas Yee, Kirk I. Erickson, Memory Enhancement by a Semantically Unrelated Emotional Arousal Source Induced after Learning. *Neurobiology of Learning and Memory*, Vol. 84, No. 1, July 2005, pp. 49 – 56.

[43] Kristy A. Nielson, Mark Powless, Positive and Negative Sources of Emotional Arousal Enhance Long-term Word-list Retention When Induced as Long as Thirty Minutes after Learning. *Neurobiology of Learning and Memory*, Vol. 88, No. 1, July 2007, pp. 40 – 47.

[44] Kristy A. Nielson, Mitchell A. Meltzer, Modulation of Long-term Memory by Arousal in Alexithymia: The Role of Interpretation. *Consciousness and Cognition*, Vol. 18, No. 3, September 2009, pp. 786 – 793.

[45] Kristy A. Nielson, Ted Bryant, The Effects of Non-contingent Extrinsic and Intrinsic Rewards on Memory Consolidation. *Neurobiology of Learning and Memory*, Vol. 84, No. 1, July 2005, pp. 42 – 48.

[46] Kristy A. Nielson, William Lorber, Enhanced Post-learning Memory Consolidation Is Influenced by Arousal Predisposition and Emotion Regulation but Not by Stimulus Valence or Arousal. *Neurobiology of Learning and Memory*, Vol. 92, No. 1, July 2009, pp. 70 – 79.

[47] Lisa Emery, Thomas M. Hess, Viewing instructions impact emotional memory differently in older and younger adults. *Psychology and Aging*, Vol. 23, No. 1, March 2008, pp. 2 – 12.

[48] Larry Cahill, Lukasz Gorski, Kathryn Le, Enhanced Human Memory Consolidation with Post-learning Stress: Interaction with the Degree of Arousal at Encoding. *Learning and Memory*, Vol. 10, No. 4, July 2003, pp. 98 – 108.

[49] Larry Cahill, Richard J. Haier, Nathan S. White, James Fallon, Lisa Kilpatrick, Chris Lawrence, Steven G. Potkin, Michael T. Alkire, Sex – Related Difference in Amygdala Activity during Emotionally Influenced Memory Storage.

[50] Lisa Anderson, Arthur, P. Shimamura, Influences of Emotion on Context Memory While Viewing Film Clips. *American Journal of Psychology*, Vol. 118, No. 3, Fall 2005, pp. 323 – 337.

[51] Mikael Johansson, Axel Mecklinger, Anne – Cécile Treese, Recognition memory for emotional and neutral faces: An event-related potential study. *Journal of Cognitive Neuroscience*, Vol. 16, No. 10, December 2004, pp. 1840 – 1853.

[52] Margaret M. Bradley, Mark K. Greenwald, Margaret C. Petry, Peter J. Lang, Remembering pictures: Pleasure and arousal in memory. *Journal of Experimental Psychology: Learning, Memory, and Cognition*, Vol. 18, No. 2, March 1992, pp. 379 – 390.

[53] Michael Eysenck, Mark T. Keane. Cognitive psychology: A student's handbook. 4th ed. Psychology Press, 2000.

[54] Mara Mather, Kathryn Nesmith, Arousal-enhanced Location Memory for Pictures. *Journal of Memory and Language*, Vol. 58, No. 2, February 2008, pp. 449 – 464.

[55] Mara Mather, Matthew Sutherland, Disentangling the Effects of Arousal and Valence on Memory for Intrinsic Details. *Emotion Review*, Vol. 1, No. 2, April 2009, pp. 118 –119.

[56] Marcia K. Johnson, Shahin Hashtroudi, D. Stephen Lindsay, Source Monitoring. *Psychological Bulletin*, Vol. 114, No. 1, July 1993, pp. 3 –28.

[57] Margaret M. Bradley, Peter J. Lang, Affective norms for English words (ANEW): Instruction manual and affective ratings. Technical Report C –1, The Center for Research in Psychophysiology, University of Florida, 1999, pp. 1 –11.

[58] Maruti V. Mishra, Sonia B. Ray, Narayanan Srinivasan, Effect of Emotions on Temporal Attention. *Progress in Brain Research*, Vol. 236, October 2017, pp. 287 –309.

[59] Michael Eysenck, Mark Keane, *Cognitive Psychology*. Hove: Psychology Press, 2000.

[60] Mara Mather, Emotional Arousal and Memory Binding: An Object-based Framework. *Perspectives on Psychological Science*, Vol. 2, No. 1, March 2007, pp. 233 –252.

[61] Michael Zorawski, Nineequa Q. Blanding, Cynthia M. Kuhn, Kevin S. LaBar, Effects of Stress and Sex on Acquisition and Consolidation of Human Fear Conditioning. *Learning & Memory*, Vol. 13, No. 4, July 2006, pp. 441 –450.

[62] Milan Scheidegger, Anke Henning, Martin Walter, Heinz Boeker, Anne Weigand, Erich Seifritz, Simone Grimm, Effects of Ketamine on Cognition-emotion Interaction in the Brain. *NeuroImage*, Vol. 124, January 2016, pp. 8 –15.

[63] Monika Kiss, Brian A. Goolsby, Jane E. Raymond, Kimron L. Shapiro, Laetitia Silvert, Anna C. Nobre, Nickolaos Fragopanagos, John G. Taylor, Martin Eimer, Efficient Attentional Selection Predicts Distractor Devaluation: ERP Evidence for a Direct Link between Attention and Emotion. *Journal of Cognitive Neuroscience*, Vol. 19, No. 8, August 2007, pp. 1316 –1322.

[64] Oliver T. Wolf, Nicole C. Schommer, Dirk H. Hellhammer, Bruce S. McEwen, C. Kirschbaum, The Relationship Between Stress Induced Cortisol Levels and Memory Differs between Men and Women. *Psychoneuroendocrinology*, Vol. 26, No. 7, October 2001, pp. 711 –720.

[65] Pa Lewis, Hd Critchley, P Rotshtein, Rj Dolan, Neural Correlates of Processing Valence and Arousal in Affective Words. *Cerebral Cortex*, Vol. 17, No. 3, March 2007, pp. 742 –748.

[66] Patrick S. R. Davidson, Craig P. Mcfarland, Elizabeth L. Glisky. Effects of Emotion on Item and Source Memory in Young and Older Adults. *Cognitive, Affective and Behavioral Neuroscience*, Vol. 6, No. 4, December 2006, pp. 306－322.

[67] Paul E. Gold, Richard McCarty, Plasma Catecholamines: Changes after Footshock and Seizure-producing Frontal Cortex Stimulation. *Behavioral and Neural Biology*, Vol. 31, No. 3, March 1981, pp. 247－260.

[68] Paula T. Hertel & Colleen Parks, Emotional Episodes Facilitate Word Recall. *Cognition and Emotion*, Vol. 16, No. 5, 2002, pp. 685－694.

[69] Robert B. Livingston, Reinforcement. In Gardner C. Quarton, Theodore Melnechuk, Francis O. Schmitt (eds.), *The neurosciences: A Study Program.* New York: Rockefeller Press, 1967, P. 514－576.

[70] Richard S. Lazarus, *Emotion and Adaption.* New York: Oxford University Press: 1991.

[71] Rashmi Gupta, Positive Emotions Have a Unique Capacity to Capture Attention. *Progress in Brain Research*, Vol. 247, March 2019, pp. 23－46.

[72] Richard J. Maddock, Scott T. Frein, Reduced Memory for the Spatial and Temporal Context of Unpleasant Words. *Cognition & Emotion*, Vol. 23, No. 1, December 2008, pp. 96－117.

[73] Stanley Coren, Prediction of insomnia from arousability predisposition scores: Scale development and cross-validation. *Behavior Research & Therapy*, Vol. 26, May 1988, pp. 415－420.

[74] Sigmund Freud, Repression. In James Strachey (eds.), *The Standard Edition of the Complete Psychological Works of Sigmund Freud.* London: Hongarth, 1915, P. 146－158.

[75] Sarah Judde, Nikki Rickard, The effect of post-learning presentation of music on long-term word-list retention. *Neurobiology of Learning and Memory*, Vol. 94, No. 1, July 2010, pp. 13－20.

[76] Sara M. Levens, Elizabeth A. Phelps, Emotion processing effects on interference resolution in working memory. *Emotion*, Vol. 8, No. 2, April 2008, pp. 267－280.

[77] Stephen Mcadams, Bradley W. Vines, Sandrine Vieillard, Bennett K. Smith, Roger Reynolds, Influences of large-scale form on continuous ratings in response to a contemporary piece in a live concert setting. *Music Perception*, Vol. 22, No. 2, Winter 2004, pp. 297－350.

[78] Sabine Windmann, Marta Kutas, Electrophysiological Correlates of Emotion-induced Recognition Bias. *Journal of Cognitive Neuroscience*, Vol. 13, No. 5, March 2006, pp. 577 – 592.

[79] Sandra J. E. Langeslag, Ingmar H. A. Franken, Jan W. Van Strien, Dissociating Love-related Attention from Task-related Attention: An Event-related Potential Oddball Study. *Neuroscience Letters*, Vol. 431, No. 3, February 2008, pp. 236 – 240.

[80] Scott D. Slotnick, Lauren R. Moo, Jessica B. Segal, John Hart Jr., Distinct Prefrontal Cortex Activity Associated with Item Memory and Source Memory for Visual Shapes. *Cognitive Brain Research*, Vol. 17, No. 1, June 2003, pp. 75 – 82.

[81] Shannon C. Guya, Larry Cahill, The Role of Overt Rehearsal in Enhanced Conscious Memory for Emotional Events. *Consciousness and Cognition*, Vol. 8, No. 1, March 1999, pp. 114 – 122.

[82] Sharon R. Doerksen, Arthur P. Shimamura, Source Memory Enhancement for Emotional Words. *Emotion*, Vol. 1, No. 1, March 2001, pp. 5 – 11.

[83] Shoki Okuda, Benno Roozendaal, James L. McGaug, Glucocorticoid Effects on Object Recognition Memory Require Training-associated Emotional Arousal. *Proceedings National Academy of Sciences of the United States of America*, Vol. 101, No. 3, January 2004, pp. 853 – 858.

[84] Sonya Dougal, Caren M. Rotello, "Remembering" emotional words is based on response bias, not recollection. *Psychonomic Bulletin & Review*, Vol. 14, No. 3, June 2007, pp. 423 – 429.

[85] Stephan B. Hamann, Elena S. Monarch, Felicia C. Goldstein, Memory Enhancement for Emotional Stimuli Is Impaired in Early Alzheimer's Disease. *Neuropsychology*, Vol. 14, No. 1, February 2000, pp. 82 – 92.

[86] Stephen A. Dewhurst, Lisa A. Parry, Emotionality, Distinctiveness and Recollective Experience. *European Journal of Cognitive Psychology*, Vol. 12, No. 4, December 2000, pp. 541 – 551.

[87] Tali Sharot, Andrew P. Yonelinas, Differential Time-dependent Effects of Emotion on Recollective Experience and Memory for Contextual Information. *Cognition*, Vol. 106, No. 1, January 2008, pp. 538 – 547.

[88] Tali Sharot, Elizabeth A. Phelps, How arousal modulates memory: Disentangling the effects of attention and retention. *Cognitive, Affective, & Behavioral Neuroscience*, Vol. 4, No. 3, September 2004, pp. 294 – 306.

[89] Tali Sharot, Mauricio R. Delgado, Elizabeth A. Phelps, How Emotion En-

hances the Feeling of Remembering, *Nature Neuroscience*, Vol. 7, November 2004, pp. 1376 – 1380.

[90] Treena M. Blake, Connie K. Varnhagen, Marise B. Parent, Emotionally Arousing Pictures Increase Blood Glucose Levels and Enhance Recall. *Neurobiology of Learning and Memory*, Vol. 75, No. 3, May 2001, pp. 262 – 273.

[91] Turhan Canli, John D. E. Gabrieli, Imaging Gender Differences in Sexual Arousal. *Nature Neuroscience*, Vol. 7, No. 4, April 2004, pp. 325 – 326.

[92] Turhan Canli, John E. Desmond, Zuo Zhao, John D. E. Gabrieli, Sex Differences in the Neural Basis of Emotional Memories. *Proceedings of the National Academy of Sciences of the United States of America*, Vol. 99, No. 16, August 2002, pp. 10789 – 10794.

[93] Vincent Bombail, Perception and Emotions: On the Relationships between Stress and Olfaction. *Applied Animal Behaviour Science*, Vol. 212, March 2019, pp. 98 – 108.

[94] William James, *Principles of psychology*. New York: H. Holt and Company, 1890.

[95] Walter Kintsch, Models for free recall and recognition. In Don A. Norman (eds.), *Models of human memory*. New York: Academic Press, 1970.

[96] William Revelle, Debra A. Loftus, The Implications of Arousal Effects for the Study of Affect and Memory. In Sven – Ake Christianson (eds.), *Handbook of Memory and Emotion: Research and Theory*. Hillsdale: Lawrence Erlbaum Associates, 1992, P. 113 – 149.

[97] William M. Kelley, C. Neil Macrae, C. L. Wyland, Sukru Caglar, S. Inati, Todd F. Heatherton, Finding the self? An Event-related fMRI study. *Journal of Cognitive Neuroscience*, Vol. 14, No. 5, July 2002, pp. 785 – 794. Cited in Elizabeth A. Kensinger, What Factors Need to Be Considered to Understand Emotional Memories. *Emotion Review*, Vol. 1, No. 2, January 2009, pp. 120 – 121.

[98] Ye Liu, QiuFang Fu, XiaoLan Fu, The Interaction between Cognition and Emotion. *Chinese Science Bulletin*, Vol. 54, No. 22, December 2009, pp. 4102 – 4116.

[99] Yves Corson, Nadège Verrier, Emotions and False Memories: Valence or Arousal? *Psychological Science*, Vol. 18, No. 3, March 2007, pp. 208 – 211.

后　记

经历了反复修改和漫长等待，我人生的第一本书终于正式出版了。本书是基于我2007～2010年在中国科学院心理研究所攻读博士学位期间的研究工作而完成的。因此，在此书出版之际，我必须首先感谢导师傅小兰研究员。在我攻读博士学位期间，她为我倾注了大量的心血。没有她的谆谆教导，我将会一无所获。没有她的中肯建议，我将仍旧在学术之路上蹒跚前行。在我从一个纯粹的心理学门外汉转变成心理学研究者的过程中，她起到了最重要的不可替代的作用。此外，我之所以感谢傅老师，更是因为她在我因粗心或无知而犯错时，所表现出的宽容和慈爱。然而，在某些时候，我未能认识自己的问题，对此我感到甚为内疚。此时我最大的心愿就是希望她能接受来自我心灵深处的歉意。

我还要向下列老师表达谢意：张侃老师、杨玉芳老师、牟炜民老师、翁旭初老师以及罗劲老师。在我的研究过程中他们提供了直接或间接的帮助。我要感谢研究生部的杨光矩老师、徐跃玲老师和管吉吉老师。我也要感谢课题组的禤宇明老师、陈文锋老师、刘烨老师以及付秋芳老师。在我遇到困难的时候，他们为我提供了及时而耐心的帮助。此外，我必须感谢博士论文答辩过程中提出宝贵意见的吴艳红老师、韩布新老师、张清芳老师以及郭春彦老师。他们的意见令我受益匪浅。

我要感谢下列学生：景岁寒、柯金宏、汪小竹、张蕙，他们仔细阅读了书稿并提出了修改意见。最后，本书能够顺利出版，离不开中央财经大学出版资助以及经济科学出版社王娟老师和其他编辑的耐心帮助。对此，我深表感谢。

汪　波

2021年1月23日于沙河高教园恒大城